3分钟漫画

——中国式

社交礼仪

S H E J I A O L I Y I

钉小鹿研发中心◎编著

山东大学出版社
SHANDONG UNIVERSITY PRESS
·济南·

图书在版编目（CIP）数据

中国式社交礼仪 / 钉小鹿研发中心编著. — 济南：
山东大学出版社, 2023.12
（3分钟漫画）
ISBN 978-7-5607-8101-3

Ⅰ. ①中… Ⅱ. ①钉… Ⅲ. ①社交礼仪 - 中国 - 通俗读物 Ⅳ. ①K892.26-49

中国国家版本馆 CIP 数据核字（2023）第256818号

责任编辑　秦大忠
封面设计　小鹿视觉

中国式社交礼仪
ZHONGGUOSHI SHEJIAO LIYI

出版发行　山东大学出版社
社　　址　山东省济南市山大南路20号
邮政编码　250100
发行热线　（0531）88364767
经　　销　新华书店
印　　刷　三河市天润建兴印务有限公司
规　　格　630毫米×900毫米　1/16
印　　张　12
字　　数　160千字
版　　次　2023 年 12 月第 1 版
印　　次　2023 年 12 月第 1 次印刷
定　　价　39.80元

目录

CONTENTS

中国式社交礼仪

起居生活礼 社会交往礼 传统礼仪

第一篇 起居生活礼

第二篇 社会交往礼

第三篇 传统礼仪

01 第一篇

扫码跟名师学礼仪

起居生活礼

中国古人讲究"故始有礼仪之正，方可有心气之正也"。外在的礼仪是人内在教养的表现，特别是在日常生活中，包括仪容仪态、餐桌饮食和家庭日常等各方面，都要端庄大方，遵循一定的行为规范，展示个人素养。

第一章 仪容仪态礼：你递出的第一张名片

扫码跟名师学礼仪

衣着打扮要得体

在日常生活中，我们的个人形象与穿衣打扮息息相关。服装选择不仅可以展示我们的个性和气质，也直接影响他人对我们的印象。因此，我们必须格外重视衣着。

1. 衣着要得体

小A是一名企业家。出国考察时，接待人员却不让穿着随意的她在企业家休息室里休息。

对不起，女士！这是专门为企业家准备的，面向随行人员我们另外安排了房间。

旁白：小A很尴尬，解释了半天才消除了误会。

大爷，您放心！我一定会尽力帮您打好这个官司的！
小伙子，我第一眼就感觉你很专业。我相信自己的眼光！

旁白：小B是某律师事务所的律师，一位老人想找人帮忙打官司，一进事务所就径直走向穿搭得体的小B。

穿着其实也是一种外在的名片。案例一说明衣着打扮不得体不仅会影响形象，甚至影响工作；而案例二说明合适的衣着能够为我们的形象加分，并给他人留下良好的印象。

2. 打扮不花哨

小A穿了一件花哨的衣服去公司上班。一进屋，大家就开始小声议论，人事部门工作人员就此与她沟通。

他们太没品位了！对这么好看的衣服不懂得欣赏！
衣服再好看也得适合办公场合呀！回去换一件吧！

旁白：小A觉得人事部门工作人员说得也对。从此以后，她改穿职业套装上班了。

她怎么那么招人喜欢呢？
是呀！我也挺喜欢她那清清爽爽的样子呢！

旁白：小A总是打扮得清新得体，大家都很喜欢她。

穿衣打扮要分场合。在办公场所，过于花哨和不合适的服装都会过于引人注目，影响工作。办公场合需要穿着得体，以塑造自己的专业形象并展现出对工作环境的尊重。

TIPS 小贴士

1. 要选择质优的面料，以确保服装得体又不显得随意。
2. 在办公场所等正式场合，不可穿过于花哨的服装。
3. 衣着和妆容的选择要符合场合要求和环境氛围。
4. 在穿搭中找到平衡点，既要满足场合需求，也要符合自己的形象、气质。

晨起打理好仪容，一天都有好心情

洗漱是起床后要做的一件重要的事。它不仅能帮助我们恢复精、气、神，还能帮我们塑造良好形象。同时，梳头、整理衣着等细节也是晨起后必须注意的步骤。这些动作不仅让我们变得干净，还展示了我们对个人卫生、健康和形象的重视，以及对他人的尊重。

1. 晨起洗漱干净

小A，你早晨没刷牙吗？口气有点……
噢！我忘了！

旁白：口气不清新，势必会让别人厌烦。

小A，你身上的味道真好闻！用的什么香水？
哈哈！没用香水呀！我只是每天早上把自己洗得干干净净的才出门！

旁白：清清爽爽地出门，自己心情舒畅，别人也会喜欢。

不讲卫生真的是一件非常让人讨厌的事情。没有人愿意跟满嘴口气、满身汗味儿的人共事。因此，保持个人卫生非常重要。这样才能够为自己和他人创造一个清爽、舒适的环境。

2. 仪容整洁精神

小A，你的衣服怎么皱皱巴巴的？让我怎么带你出去见客户？还是让小C跟我去吧！
对不起！我以后注意！

旁白：小A因为不注重衣着，错失了跟随管理者去见客户的机会。

小A，我看就你穿得精神！今天有个大客户，一会儿你跟我一起去接待一下。
好的，B总！

旁白：他们很顺利地与客户达成合作，B总把这个客户放在了小A名下。

整洁的仪容能够给别人留下积极、专业的印象，从而给自己加分，因此注意仪容非常重要。

TIPS 小贴士

1. 要保持良好的个人卫生习惯。
2. 定期修剪指甲、打理胡须、眉毛，保持面部清爽。
3. 保持口气清新，随身携带口香糖或漱口水。
4. 使用香水要适度。

头部端正不乱晃，目视前方不斜视

在正式场合，保持坐姿端正、目不斜视不仅能展示我们的个人素养，同时也可以表达出对他人的尊重。端正的坐姿和关注的眼神代表着我们以自信和专注的态度来对待事情，愿意与他人进行有效的沟通和合作。

1. 头部端正不乱晃

在公司的业务培训会上，经理忽然停止了讲课。
小A，你的头晃来晃去的，看得我头晕！
经理，您讲得太精彩，听得我有点兴奋！
旁白：虽然小A的话把经理和同事们都逗笑了，但是他坐姿不端正，让人觉得很不礼貌。
大家要向小A学习，一看就在认真听讲。
经理，这样才能表达出我对您的尊重呀！
旁白：小A聚精会神地听经理讲课，让经理非常满意。

无论在工作中还是在日常生活中，坐姿端正都是塑造良好形象、建立积极关系的重要因素之一。因此，我们应该时刻注意自己的坐姿，给他人留下积极的印象，并展现出我们对他人的尊重。

2. 目视前方不斜视

会议室里，主管在布置工作，小A的眼睛却看向窗外。

小A，窗外是有美女吗？
啊？

旁白：小A的表现让主管感到不被尊重。

会议室里，小A目不转睛地看着主管，还不时地点头表示认同。

小A，你听得最认真！这个项目我就交给你负责了！
谢谢主管重用！我保证完成任务！

旁白：小A的专注和认真赢得了主管的器重。

眼睛是心灵的窗户。我们要时刻保持目光专注，这样不仅有助于塑造良好的形象，体现对他人的尊重，还能获得更多的机会，取得更大的成就。

TIPS 小贴士

1. 与他人交流时坐姿要端正，不要东倒西歪。
2. 跟他人说话时眼神要正视对方，不要左右张望。

声容端庄不轻浮

在社交中要保持端庄，不要随意说话或做出不适当的动作。这是最基本的礼貌。同时，要以和善的面容与温和的语气来传递友好和亲切的态度。这样才能建立良好的人际关系。

1. 嘴勿乱动，貌方端庄

主管正在讲话，小A的嘴巴一直在动。

小A，你嘴巴老动，是有话要说吗？
没……没有！

旁白：主管认为小A很不尊重他，于是点名批评了小A。

主管正在讲话，同事们有的打哈欠，有的嘴里鼓着空气。只有小A安安静静地倾听。

你们都在干吗？有想说话的上来说！看人家小A多端庄！

旁白：小A没想到一个小小的举动也能得到主管的表扬。

在职场中，我们必须时刻注意自己的言谈举止。这样才能建立良好的形象，并获得他人的尊重和赞赏，进一步促进个人和团队的发展。

2. 音调温和，细语轻声

小 A 和小 B 一起看电影。其间，小 A 一直很大声地跟小 B 说话。

你俩能不能别说话了？都听不清演员的台词了！

旁白：被人当面指责，小 A 和小 B 都觉得很尴尬。

在电影院里，小 A 用手机给小 B 发信息。

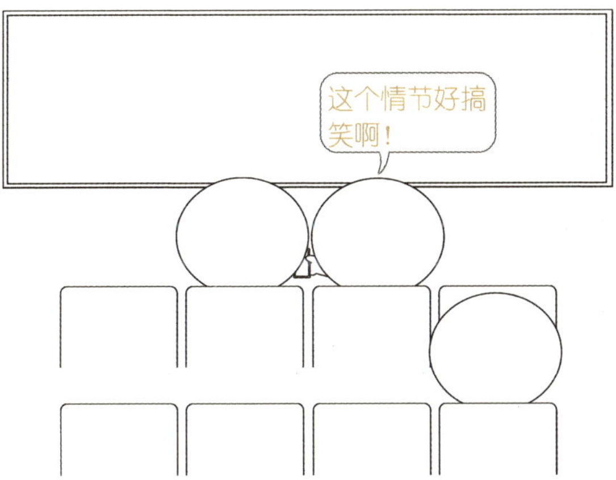
这个情节好搞笑啊！

旁白：大家很愉快地观看了一场好看的电影。

你有过因为自己不合时宜的声音或行为打扰到别人的经历吗？当时是不是很尴尬呢？所以，我们应该时刻提醒自己，在公共场所说话不要过于大声，动作不要过于夸张，避免产生尴尬和矛盾。

TIPS 小贴士

1. 在会议等正式场合嘴不要乱动，不要乱说话。
2. 与人沟通要控制好音量，不要大声喧哗。

别让举手投足毁了你的好形象

一个人的举手投足便能体现出修养和素质。动作优雅，举止文明，能够体现我们对他人的尊重。因此，在日常生活中，我们应该格外注重自己的行为举止，通过细节展现我们的修养，塑造良好的个人形象，建立积极的人际关系。

1. 双手不乱动

小A去新公司面试，一边自我介绍一边用手比划。

我招的不是拳击手，
不用你用动作做示范！
啊？我太激动了！

旁白：小A因为举止浮夸，没能被录取。

面试时，小A举止优雅地介绍自己。

你的举止非常优雅，很符合
这个岗位的要求！欢迎加入！
谢谢您的夸奖！我会
努力工作的！

旁白：小A顺利入职新公司。

当一个人说话时双手四处乱指，其言谈举止就可能显得混乱、不稳重，难以赢得他人的尊重和信任。因此，我们一定要注意自己的仪态和举止，根据场合的不同，把双手放在合适的位置。

2. 举止不轻浮

小 A 跟管理者 B 总参加一个重要的行业论坛，他毛毛躁躁地跟在 B 总身后。

小A，你安静会儿行吗？
对不起，B总！

旁白：B 总觉得带小 A 出来太丢人，直接让他回去了。

小 A 跟 B 总参加一个重要的行业论坛，他稳重地跟在 B 总后面。

谢谢B总栽培！
小A啊，我就喜欢你这稳当劲儿！以后有这种活动我还带你出来！

举止稳重的人往往能够赢得他人的尊重和信任，从而建立良好的声誉。他们更容易获得机会，并在职业生涯中取得成功。因此，我们应该努力培养稳重的品质，成为一个可靠、成熟和有价值的人。

TIPS 小贴士

1. 时刻留意自己的双手，不要有幅度过大或不必要的动作。
2. 保持双手自然放松，不必过分紧张。
3. 行走时，保持稳健的脚步；站立时，保持挺拔的姿态。
4. 步伐不要过快或过慢，要表现出踏实和自信。

坐有坐相，站有站相

好的坐姿和站姿可以使人的外在形象与气质更佳，从生理学角度来看，还有助于预防多种疾病，保持身体健康。此外，好的坐姿和站姿也是对他人的一种尊重。

1. 身姿挺拔背挺直

小A和小B正在相亲。介绍人给小B发来一条信息，询问小B对小A是否满意。

怎么样？小A挺漂亮吧？
漂亮是漂亮。不过她是不是驼背呀？总是坐不直。
旁白：小A的坐姿直接降低了小B对她的好感，导致相亲失败。

怎么样？小A挺漂亮吧？
很漂亮！也很有气质！
旁白：小A的良好形象令小B很有好感，并决定跟小A进一步交往。

坐相好的人，不仅能体现出个人良好的形象和气质，还能给人一种稳重大方的感觉，在与人互动中更能赢得对方的好感，有助于建立和谐的人际关系。

2. 站有站样表恭敬

小A在大街上遇到了他的大学导师B老师，他站得七扭八歪地和老师打招呼。

B老师，这么巧，在这里碰到您！
嗯！嗯！

旁白：B老师认为小A非常没礼貌，于是匆匆走开了。

B老师，这么巧，在这里碰到您！
是呀，小A！好久不见，最近怎么样呀？

旁白：B老师看到自己曾经的学生这么有礼貌很高兴，两个人相谈甚欢。

与人打招呼的时候，你注意过自己的站姿吗？站姿在人际交往中非常重要。我们应该时刻牢记：用恭敬的站姿面对他人，表达礼貌和友善，会给我们带来积极的人际关系，否则就可能被认为缺乏教养。

TIPS 小贴士

1. 坐有坐相，不要弯腰驼背。
2. 跟人说话时要站好，对他人表示尊敬。

步态从容，走出你的气场

在日常生活中，我们不仅要注意外表形象，还要注意走路的姿态。正确的走路姿态能展现个人的修养和自信。此外，在不同的场合，我们需要调整自己的姿态和举止，以展现出与场合相符的形象。

1. 走路目视前方

小 A 边走路边低头看手机，结果被石头绊倒，栽进了河里。

啊！救命啊！救命啊！

小 A 走路目视前方，发现了路上的石头和前面的河。

哇！这里景色好美啊！

我们经常在新闻中看到因为走路不看前方而发生意外的情况。因此，走路时目视前方不仅能展现个人的良好形象，更关乎自身的安全。

2. 姿态适应场合

在旗袍主题晚宴上，小A大步流星地走路，嘉宾们用异样的目光看着她。

这样不太合适吧？
哪有穿旗袍这样走路的。

小A在旗袍主题晚宴上走姿非常优雅，嘉宾们纷纷夸赞她。

哇，这旗袍配上这姿态，
真是太美了！
谢谢夸奖，您也很美。

在不同的场合，我们需要根据自身的穿着和环境特点来调整走路的姿态。无论是穿着旗袍还是其他服装，我们都应该注重细节，遵循场合的规范和要求，展现出得体、优雅的形象。

TIPS 小贴士

1. 无论身处何种场合，目视前方是一个重要的习惯。
2. 根据场合特点和服装风格调整姿态是十分重要的。
3. 走路的步伐和节奏要与场合相适应。

第二章 餐桌饮食礼：别让你的吃相出卖了你

扫码跟名师学礼仪

长辈为先，不可忽视的入座点餐学

无论是家庭聚会还是外出就餐，我们都应该先请父母、长辈入座，并按照他们的喜好进行安排。

1. 父母长辈先入座

家宴上，长辈还没入席，小A就迫不及待地坐下了。他刚满7岁的侄子跑了过来。

叔叔，长辈没入席，您怎么能先坐下呢？
叔叔给你做个示范，告诉你这样做是不对的。

在家宴上，小A请每一位长辈就座，并给他们都倒了一杯水。

小A上班后，真是懂事儿了！
是呀！这孩子越来越有礼貌了！

家庭聚会，要让父母、长辈先就座。这是我们的传统美德之一，我们应该时刻记在心里，并落实到行动上。

2. 留意父母的喜好

小A带妈妈去吃湘菜。

妈，这家湘菜馆可好吃了！
儿子，我吃不了辣，你不知道吗？

旁白：小A忘了妈妈吃不了辣菜，一时间气氛有些尴尬。

小A带妈妈出去吃饭，点了一桌菜，都是妈妈喜欢的。

妈，您爱吃的我都爱吃！
儿子，怎么点的都是我爱吃的？你再点两个你爱吃的！

旁白：有小A这么孝顺的儿子，妈妈觉得非常幸福。

作为子女，了解父母的喜好才能表达孝心。我们需要主动留意他们的需求，尊重他们的选择。这种关注和关心将进一步加强亲子关系，让家庭更加和谐幸福。

TIPS 小贴士

1. 给父母、长辈提供舒适的就座位置，长辈入座后自己再就座。
2. 主动为父母、长辈拉开椅子，方便他们入座。
3. 根据父母的健康状况和口味选择菜品。

不要发出怪声音，不要满嘴流汤水

用餐时的行为举止直接反映了一个人的教养和素质。因此，遵守基本的餐桌礼仪至关重要。其中，吃饭不发出怪声和不满嘴流汤水是两个极为重要的用餐规范。

1. 不要发出怪声音

小A低头猛吃，嘴里还不时发出“吧唧吧唧”的声音。

小A，你吃饭那么大动静，大家说话都听不见了！
爸，您说得也太夸张了！

在家宴上，小A吃饭时斯文有礼。

我也要向小姨学习，吃饭斯文！

旁白：小A的斯文有礼，让家里人都赞不绝口。

吃饭吧唧嘴的行为非常不雅观，会让别人觉得你缺乏教养，影响他人对你的看法。在就餐时，我们应该保持安静，避免发出过多的声音。

2. 不要满嘴流汤水

小 A 吃得非常快,菜汤都顺着嘴角流下来了。

小A,又不赶时间,
吃慢点,别噎着!
妈,这么吃才香呀!

小A,你今天怎么
吃得这么斯文了?
我最近学习了《中国式社交礼仪》,
才发现我原来的吃相太不礼貌了!

旁白:小 A 吃饭很斯文,妈妈对他很满意。

吃饭时我们应该确保食物被充分咀嚼,避免食物溢出口腔。在进食之后可以用纸巾擦拭嘴角,保持整洁。

TIPS 小贴士

1. 用餐时要避免发出过多的吃饭声音,如吧唧声、吸溜声等。
2. 用餐过程中,要注意保持口部和面部的整洁,不要让汤饭沾得满嘴都是。

食不言，莫争抢

含着饭菜不说话，传递出对他人的尊重；进餐不争抢，则展示了谦和的态度。我们遵循用餐礼仪规范，能够营造出愉快而和谐的用餐氛围，促进彼此之间的友好交流。

1. 含着饭菜不说话

小A吃饭时，客户打来了电话，小A边吃边接，结果……

你是在吃饭吗？那我们一会儿再说吧！
没事！没事！现在说吧！

旁白：小A边吃边接，客户挂断了电话，小A一时很尴尬。

小A，你现在真是越来越有礼貌了！
有您的教导，必须有礼貌呀！

旁白：小A咽下口中的饭，拿着手机到外面去接听。

含着饭菜说话容易把食物喷溅到餐桌上，也会导致对方听不清你说的话，不仅不礼貌，还会影响身体健康。

2. 进餐不要争抢

在公司食堂，小 A 看到鸡腿明显不够分，于是全部夹到了自己的碗里。

对啊小A，你给大家讲讲这鸡腿是什么味儿的？
小A，鸡腿有那么好吃吗？
味……味道还……不错。

旁白：小 A 听出了同事的讽刺意味，也为自己的行为感到羞愧。

小A，我这份分给你一半。
谢谢你，小A！
这个鸡腿看起来好好吃啊！我来给你夹一块吧。

旁白：同事们围坐在餐桌旁享用午餐。大家和睦相处，笑声不断。

争抢食物是非常不礼貌和不文明的行为，会给旁观者留下自私的印象，破坏和谐的气氛，最终让你没朋友。

TIPS 小贴士

1. 跟他人说话时要把口中的食物咽下去再说话。
2. 尊重他人，遵守用餐秩序，等轮到自己时再取用食物。
3. 当食物不充足时，要学会谦让他人。

细嚼慢咽，练就好吃相

当我们享用美味佳肴时，应该保持优雅的姿态。遵守餐桌礼仪，慢慢品味食物，能够体现出我们对他人的尊重、对食物的珍惜以及对饮食礼仪的传承。

1. 进餐不扬汤扬饭

公司聚餐，小A喝汤时边吹边喝，汤溅得到处都是。

小A，你的汤像种子一样，已播撒到所有的菜里了！

旁白：大家都笑了，小A很尴尬。

公司聚餐，小A提前把汤分到大家各自的汤碗里，把每个人都照顾得非常好。

这汤是他们家的招牌菜。我已经分好了，现在已经凉了，大家快尝尝！

旁白：大家都对这道汤赞不绝口。

扬汤扬饭通常会使汤饭溅到桌面或地面上，增加清理的难度，如果不小心弄到别人身上就更不好了。因此，我们应该养成文明有礼的进餐习惯，不要扬汤扬饭。

2. 吃饭不狼吞虎咽

小A和女友一起吃饭，迫不及待地往嘴里塞满了食物。

这家店的菜真是太好吃了！
你是急着去跟别人约下一场吗？美食是需要好好品尝的！

旁白：小A放下筷子，窘迫地看着女友。

你说得对，我太急着吃饭了，忽略了品味美食的重要性。
没错，我们应该慢慢品味美食，享受每一口的味道。

旁白：小A不再狼吞虎咽，开始享受眼前的美食和与女友共度的美好时光。

我们应该培养细嚼慢咽、细心品味食物的良好进餐习惯。这样不仅有助于更好地消化食物，还能让我们更加愉悦地享受用餐的过程。

TIPS 小贴士

1. 不要用嘴吹汤，注重个人卫生和餐桌整洁。
2. 慢慢品味食物，细嚼慢咽。

就餐也要“公私分明”

用餐时，我们应该遵守夹出饭菜后不放回和不在公盘中翻搅的规则。这是文明用餐的基本礼仪，也是保持食物卫生、避免交叉污染的好方法。

1. 夹出饭菜不放回

小A是一家食品供应企业的业务经理。谈合作时，小A热情地给客户夹海鲜，但客户表示自己吃海鲜过敏，于是小A又把夹出来的菜放了回去。

您看咱们的合作……
小A，谢谢你的热情招待，但是我对合作还有些疑虑，我再考虑一下。
旁白：小A将夹出的菜肴又放回去的行为让客户对他们公司的食品卫生产生了疑问。

小A立刻将夹出来的菜肴放在一旁，没有将其放回原来的盘子。

非常抱歉！我不知道您对海鲜过敏！
吃什么不重要，合作愉快最重要！你的行为已经让我看到你们公司对食品安全的重视。咱们先把合约签了吧！

为了确保食物的卫生，也为了尊重他人的感受，我们绝不能把夹出来的菜肴再放回盘子里。

2. 不在公盘中翻搅

小 A 有个不好的习惯，就是吃饭的时候总是在公盘里翻搅菜品。

中午点几个菜一起吃吧！
呃……我突然有了吃盖饭的想法。
对……还是吃盖饭吧！盖饭是独立的。

旁白：小 A 的不良用餐行为给同事们留下了不好的印象。

咱们今天还吃盖饭吗？
吃点不一样的吧！盖饭有些单调。
那咱们点几个菜吧！大家一起品尝不同口味。

旁白：小 A 很注意用餐礼仪，在公司人缘很好，一到吃饭时间同事们都拉他一起用餐。

首先，在公盘中翻搅食物是非常不卫生和不雅的行为。其次，翻搅食物会破坏食物的原有摆盘、造型和口感，也会影响其他人的用餐体验。这样的行为是很忌讳的，一定要谨记！

TIPS 小贴士

1. 尽量使用公勺、公筷或专门取食物用的夹子。
2. 不小心夹出了自己不喜欢的食物可以放置在自己的骨碟里。
3. 按顺序夹菜，避免在公盘中翻搅、挑拣。

餐具小心摆放，餐后清理得当

在用餐时，餐具扮演着不可或缺的角色。保持餐具摆放井然有序是用餐礼仪中非常重要的部分。我们需要小心地摆放餐具，避免磕碰或不小心打碎它们。这样可以让我们在用餐时感到更加安心和愉悦。

1. 餐具摆放要小心

小A请小B来家里吃饭，摆放盘碗的时候放得太靠外，不小心将菜汁洒了小B一身。

真不好意思，弄了你一身！
看来，你是想留我在你家洗个澡了！

桌子上的盘碗摆得井然有序，两人愉快地享受了午餐。

红烧排骨，快来尝尝！
今天我可要大饱口福了！

在放置碗筷时要特别小心谨慎，切勿让它们掉在地上，否则会破坏欢乐祥和的氛围。如果热菜热饭溅到客人身上，弄脏了他们整洁的衣物，甚至烫伤了他们，那就更不礼貌了。

2. 饭后清理需谨记

妈妈在收拾桌子，小 A 在一旁玩手机。

小A，刚吃完饭就玩手机呀！你也帮忙收拾收拾！
等会儿！我忙着呢！

旁白：妈妈皱着眉，直摇头。

别收拾了，玩去吧！
我帮您收拾干净了，玩得也安心！

旁白：小 A 帮妈妈收拾桌子，妈妈欣慰地笑了。

作为子女，我们应该为家里做一些力所能及的事情，如帮助父母整理餐桌、收拾碗筷或主动承担洗碗刷锅等家务。这不仅可体现子女应有的孝心，也是家庭成员应尽的责任，更是锻炼我们动手能力的机会。

TIPS 小贴士

1. 摆放餐具时要井然有序，避免碰撞或掉落。
2. 餐前检查餐具的干净程度，确保没有食物残留或污垢。
3. 餐后立即清理餐具。

第三章 家庭日常礼：孝悌友善的中式哲学

扫码跟名师学礼仪

出入告知父母，礼貌问候长辈

告知父母我们的行踪以及时常向长辈问安是基本的礼仪。这些行为不仅表达了我们对父母和长辈的关心和尊重，也体现了我们对亲情的珍视。

1. 出入要告知父母

小 A 经常来无影去无踪，对于父母的询问也置之不理。

妈，晚饭还没好吗？我都饿晕了！
你在家呀！怎么也不说一声？晚饭我们都吃完了，剩下的都喂狗狗了。

妈，我回来啦！
洗手准备吃饭！妈妈做了你最爱吃的红烧肉！
旁白：小 A 每次出门都会向父母报备自己的行程。

儿行千里母担忧。孩子不管多大都是父母的牵挂。出入告知父母可以减轻他们的担忧，增加彼此的信任，促进家庭和谐。

2. 时常向长辈问安

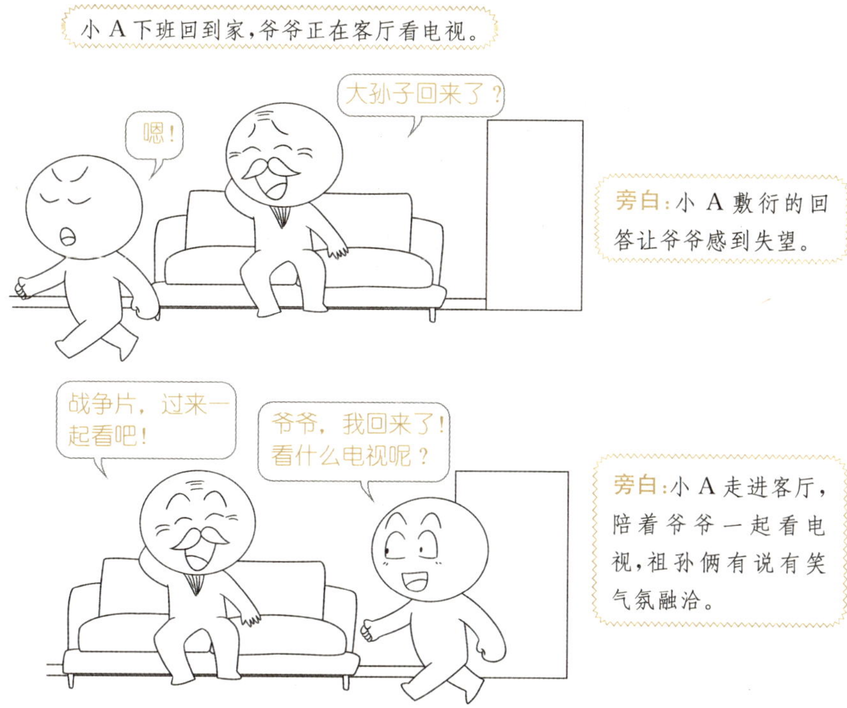
小A下班回到家，爷爷正在客厅看电视。
大孙子回来了？
嗯！
旁白：小A敷衍的回答让爷爷感到失望。
战争片，过来一起看吧！
爷爷，我回来了！看什么电视呢？
旁白：小A走进客厅，陪着爷爷一起看电视，祖孙俩有说有笑气氛融洽。

尊敬长辈是中华民族的传统美德。不向长辈问安，长辈可能会感到被忽视或冷落，长此以往，可能导致家人间的沟通障碍乃至彼此产生误解。通过问候长辈，我们可以营造良好的家庭氛围，增进家庭成员之间的感情。

TIPS 小贴士

1. 出门要及时告诉父母自己的行踪。
2. 时常向长辈问安，定期探望长辈。
3. 与长辈交流时要认真倾听。

父母呼唤立即到，答父母问要和颜

当父母呼唤我们时，我们应该尽快回应，不让他们担心。当父母问话时，我们也要以和悦的态度回答，表现出我们的尊敬。和谐的亲子关系是家庭幸福的基石，能够促进家庭成员之间的沟通和理解，增强家庭的凝聚力。

1. 父母呼唤立即到

小A的手机铃声在客厅响起，同时，小A爸爸也在喊小A接电话。小A在房间里听到爸爸的呼唤声以为喊他干活，于是假装没听见。

小A，你在屋里吗？
小A不在家，手机也没带。
我哥可能出去了。

旁白：小A因为装聋作哑错过了重要的电话。

爸爸，我在！
小A，你在房间里吗？
你们经理给你打电话！

旁白：爸爸一呼唤，小A立即答应，接到了公司经理打来的重要电话。

及时回应父母的呼唤可以建立良好的沟通基础，避免关系疏离，出现误会。

2. 答父母问要和颜

小 A 正在打游戏，父母找他谈话，小 A 有些不耐烦。

小A，你有空吗？我和你妈妈有件事想问问你的意见。
忙着呢！别来烦我！
旁白：之后小A去了外地，一年后回来发现家里多了一个妹妹，而自己一无所知。

小 A 正在打游戏，父母要和小 A 说话，小 A 立即关上游戏和父母说话。

我们正在考虑是否再添一个家庭成员。对这件事你怎么看？
小A，你有空吗？我和你妈妈有件事想问问你的意见。
这可是咱家的大事，咱们得好好琢磨一下。那是一个小生命，我们必须为他负责。

与父母交流时要保持和颜悦色。这意味着我们应该耐心倾听并真诚回答问题，避免急躁、冷漠或无礼的行为。

TIPS 小贴士

1. 要及时回应父母的呼唤，以显示出对他们的尊重和关心。
2. 父母问话时，我们要和颜悦色地回答。

长辈话语莫打断，服侍父母要精心

孝顺父母和尊重长辈不仅是一种真挚的情感表达，更是一种责任和义务。当长辈开口讲话时，我们应该以谦逊的态度倾听，不要打断他们的发言。作为子女，我们也应该用心去关爱和照顾父母。

1. 长辈话语莫打断

小A的奶奶想和小A聊天。小A不耐烦，总是打断奶奶说话。

小A啊，你早点结婚，奶奶……
奶奶，您该吃药了！

旁白：小A的打断，让奶奶很不开心。

小A啊，你早点结婚，奶奶还想抱抱重孙呢！

旁白：小A知道奶奶岁数大了，所以非常认真地跟奶奶聊天，奶奶很欣慰。

不打断长辈说话体现了我们对长辈的尊重和关怀。耐心倾听长辈的意见和建议，不仅能够维系家庭关系的和谐，还会令我们获得许多宝贵的经验和智慧。

2. 服侍父母要精心

小 A 的父亲生病住院了。小 A 一边看手机一边喂父亲喝水。

你要烫死我吗？病没要我的命，你这孩子得要我的命！
对不起，爸！我不是故意的！

小 A 精心照顾生病的父亲，喂父亲喝水前自己先试试温度。

嗯！有你的细心照顾，爸爸的病就已经好了一半了！
爸，这个水温刚刚好！

照顾父母要格外用心，不能粗心大意。在照料父母的过程中，我们需要花费心思，主动关注他们的需求。精心照顾父母，不仅能够帮助他们恢复健康，提高生活质量，更重要的是能增进彼此之间的感情。

TIPS 小贴士

1. 要专心倾听长辈的讲话，并使用肢体语言和表情来表现尊重和关注。
2. 服侍父母时，要集中注意力。
3. 除了物质上的照顾，我们还要给予父母情感上的陪伴和关怀。

牢记父母生日，留意父母喜恶

父母是我们生命中最重要的人，他们的生日和喜好我们应该牢记在心。了解他们的兴趣爱好并按照他们的喜好精心挑选礼物，可以让他们感受到我们的用心和爱。

1. 父母生日要记住

小A忘了爸爸的生日，两手空空回到家，看到姐姐买的蛋糕和礼物才想起来。

……
呃……人回来就是最大的惊喜！
你憋什么大惊喜呢？
小A，今天是老爸生日，你给老爸买了什么？
旁白：爸爸虽然嘴上说着人回来就是最大的惊喜，心里还是难免有些失望。

爸爸生日，小A提前几天就准备好了礼物。

上次路过这家店，爸爸试了半天也没舍得买，我就给他买了。
你小子，总是给爸爸惊喜！
小A，你怎么知道爸爸喜欢这款皮带的？
你比我这个“小棉袄”还贴心！

牢记父母的生日，并通过准备礼物和举办庆祝活动来表达对他们的爱意，会带给他们满满的幸福和感动，让他们深刻地感受到我们对他们的关爱。

2. 父母喜恶记在心

妈妈过生日，小A花了很多钱给妈妈买了一件时髦的衣服。

妈，祝您生日快乐！
小A呀，妈妈都这么大岁数了，再穿这么时髦的衣服不合适。真是瞎花钱！

旁白：小A不清楚妈妈的喜好，这件衣服只能被束之高阁了。

小A的妈妈非常畏寒。小A为她买了一套自发热保暖内衣。

妈妈，这么多年了，您怎么还穿着它？
冬天只穿这一件就挺暖和了，我当然要穿着了！

记住父母的喜恶不仅体现出我们对他们的关心，也是对他们付出的一种尊重和回馈。

TIPS 小贴士

1. 将父母的生日记录在日历或手机中。
2. 平时留意父母的喜好，并记录下来。
3. 多与父母交流是了解他们喜好的最佳途径。

与邻和睦相处，闲谈莫论是非

与邻居和睦相处是建立和谐社区的重要基础，因此我们与邻居相处时不要过于计较，不要议论他人长短，而应以宽容和尊重为准则，培养友善和信任的关系。

1. 与邻和睦相处

狂风暴雨说来就来。小A出门时忘记关窗户，于是他向邻居小B寻求帮助。

您能帮我关一下窗户吗？要不及时关上，等我回到家地上就满是水了！
我也不在家，我让邻居小C帮我关的。你也让他帮你关吧！

旁白：小A不愿向刚跟自己吵完架的小C求助，回家时地板已经被泡变形了。

我家窗户忘记关了。您在家吗？能帮我关一下窗户吗？
我在！别急！现在就去帮你关！

旁白：小A与小C平日相处和睦，遇事大家互相帮助。

在日常生活中，我们可能会遇到突发事故、家庭困难或其他需要帮助的情况。如果我们与邻居建立了友好关系，就更容易获得他们的帮助和支持。

2. 莫论他人是非

公司里新入职了一位身材矮小的男性小B。

这人好矮呀！
就是！这太有损公司形象了！

旁白：两天后，公司宣布新的人事任命——小B是空降来的经理。

谢谢你！
你是来应聘的吗？欢迎你！我去帮你叫人事部的人。

旁白：小B是空降来的经理，他对小A的印象非常好。他们成了很好的工作伙伴。

议论他人是非只会浪费我们的时间和精力，使我们错过更有价值的事情。我们在背后议论他人是非，可能会给人际关系埋下隐患。

TIPS 小贴士

1. 主动与邻居交流，建立友好的沟通基础。
2. 时刻提醒自己避免谈论他人是非。

小结 三分钟，让你了解起居生活礼

1. 衣着和妆容的选择要符合场景要求和环境氛围。
2. 与他人交流时坐姿要端正，不要东倒西歪。
3. 根据父母的健康状况和口味选择菜品。
4. 尊重他人的选择，等轮到自己时再取用食物。
5. 尽量使用公勺、公筷或专门取食物用的夹子。
6. 跟父母说话要和颜悦色。
7. 重视自己的内在价值和进步，而不是与他人比较。
8. 确立明确的目标并制订具体、可执行的计划。

扫码跟名师学礼仪

02

第二篇

扫码跟名师学礼仪

社会交往礼

中国古人强调言谈举止要合乎礼、不忘敬，正所谓“敬人者，人恒敬之”。在现代社会交往中，一个人要想获得他人的尊重和喜爱，自身必先注意谨言慎行，举手投足间有礼有节，用交往礼仪的规矩展现个人魅力和素养，收获广博的人脉。

第一章 沟通互动礼：处处不失礼，时时受欢迎

扫码跟名师学礼仪

把握好寒暄的尺与度

适度的寒暄可以增强人与人之间的亲近感，是建立良好社交关系的基础。然而，每个人的时间和精力都是有限的，因此在交流中要避免无谓的拖延，尽量将注意力集中在有意义的事情上。

1. 寒暄适可而止

小 A 遇到熟人总是寒暄起来没完没了。今天他遇到了小 B。

小B呀，好久不见！你最近怎么样？你猜我上次逛街碰到谁了？你肯定猜不到……
那个……小A啊！我着急上厕所，要不咱们改天再聊？
旁白：小 A 没有注意寒暄时间的把控，小 B 以后很少和小 A 聊天了。

嘿！好久不见！最近过得怎么样？
嗯，还好，忙碌但充实！你呢？
旁白：在回答完熟人的问题后，小 A 适时结束了对话，以免让对方感到厌烦。

适当的寒暄可以缓和初见时僵硬的谈话气氛，但时间不可过长，因为它只是交谈的前奏曲，要适可而止。

2. 主动但不失礼

小 A 遇到熟人，热情地握住对方的手，激动不已。

嘿嘿！好久没见到你，太激动了！
我的胳膊都要被你抻断了！

旁白：小 A 的热情有些过头，让对方感到很不适。

小 A 遇到熟人，主动问候，举止有礼。

嗨！好久不见！最近还好吗？
是啊！好久不见了！我挺好的。你呢？

旁白：两人聊得很开心。

在社交互动中，主动打招呼是受欢迎的，但过度的热情可能会让人感到不舒服或失礼。因此，寒暄时要注意把握尺度，避免过长的问候、过于亲近的身体接触或过多的关注。

TIPS 小贴士

1. 在与他人交流时，要敏锐地观察对方的反应，认真倾听对方的回应。
2. 选择一个简单、友好的问候语来开启对话。
3. 用温和而亲切的话语和肢体语言打招呼，并控制好音量和力度。

别让你的社交输在“称呼”上

在人际交往中，正确的称呼和恰当的表达是维系良好关系的关键。尊重对方，使用恰当的称谓；同时控制音量与语调，确保交流清晰、舒适。这样的表达方式，可以展示出我们对他人的尊重和关注，为建立有效的沟通和良好的人际关系奠定基础。

1. 称呼别人要恰当

小A是一名店员。这天店里进来一名女顾客。
阿姨，您需要帮忙吗？
我有那么大岁数吗？
旁白：小A不恰当的称呼，让顾客感到被冒犯。
女士，您需要帮忙吗？
帮我找一款祛斑的护肤品！谢谢！
旁白：小A聪明地使用了一个中性的称呼“女士”，这样无论顾客的年龄比自己大还是小，都能保证礼貌和尊重。

不恰当的称呼可能会给别人留下不好的印象，影响合作。因此，我们在称呼别人时要恰当，以免冒犯对方。

2. 注意自己的声音

小A在回家的路上遇到了熟人小B。

小B！
啊！你这么大声干吗？心脏病都要被你吓出来了！

旁白：小A的声音过大，吓了小B一跳。

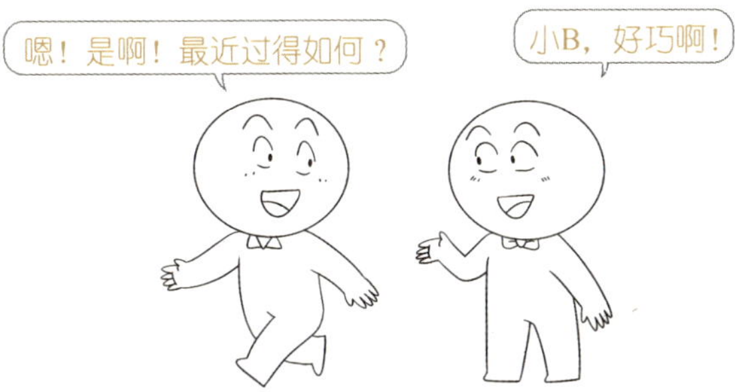
小B，好巧啊！
嗯！是啊！最近过得如何？

旁白：小A以适当的音量打招呼，体现出了礼貌和对周围人的尊重。小B也很高兴地作了回应。

在社交互动中，我们应该保持适当的音量，避免声音过高或过低；在语气上要友善和积极，传达出真诚和善意。此外，还要注意保持适中的速度和生动的语调。这样才能促进良好的人际交往。

TIPS 小贴士

1. 避免使用不适当或冒犯性的称呼。
2. 保持适度的音量。
3. 选择温和、友善的话语。

恰当握手，传递尊重

在社交互动中，握手是一种非常重要的礼节。握手时，我们应该起身站立，表现自己的积极主动。同时，不要给人留下漠然或不积极的印象，例如避免所谓的"死鱼式"握手。通过起身站立和正确的握手，我们可以传达出对他人的尊重和关注，营造出更加友好和亲切的交流氛围。

1. 起身站立，握手有礼

小A和小B同时参加某个行业论坛，小B走过去跟小A握手，小A却始终坐着。

你好！
小A，你好！

旁白：小A的态度让小B感觉未被尊重。

小A和小B同时参加某个行业论坛会，小B走过去跟小A握手，小A起身回应。

小B，你好！
小A，你好！

旁白：两个人相谈甚欢，互相添加了联系方式。

坐着握手会给人留下冷漠及缺乏礼貌的印象，会对人际关系产生负面影响。握手时要起身站立，把自己真诚和积极的态度展现出来。这样才有助于我们建立良好的人际关系。

2. 避免"死鱼式"握手

小B给小A介绍了一位客户，握手时小A的手无任何力度。

我……我确实不太懂！
年轻人，劝你学学商务礼仪！

小B给小A介绍了一位客户，小A的握手非常得体。

您好！认识您很荣幸！
很不错的年轻人，一看就很自信！

一定要避免"死鱼式"握手。"死鱼式"握手所表现出的松弛无力感，会给人留下冷漠、不主动、不自信的印象。这种握手方式不利于我们与他人建立良好的社交关系。

TIPS 小贴士

1. 在握手之前要起身站立，主动伸出手并使用适当的力度。
2. 在握手的同时与对方保持眼神交流。
3. 在握手过程中展现出友善的微笑。

自我介绍不夸张，介绍他人辨时机

自我介绍是我们与人初次接触或洽谈业务时的重要一环。在自我介绍中，我们应注意避免过分夸张或过分低调，确保内容真实、有效和可信。在介绍别人时，选择合适的时机很重要。恰当的时机能为被介绍者创造更好的展示机会。

1. 自我介绍不可夸张

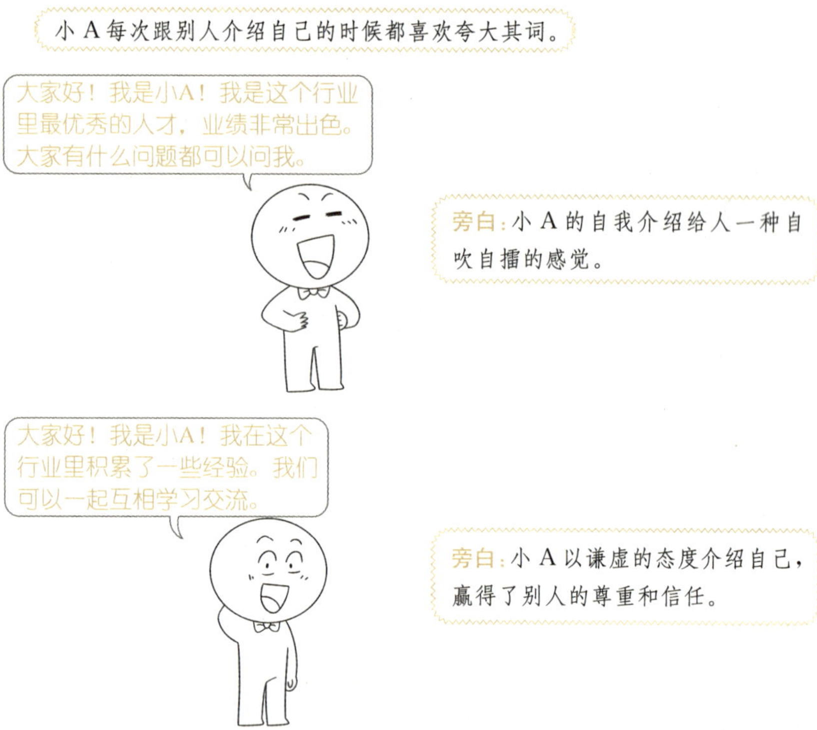
小A每次跟别人介绍自己的时候都喜欢夸大其词。
大家好！我是小A！我是这个行业里最优秀的人才，业绩非常出色。大家有什么问题都可以问我。
旁白：小A的自我介绍给人一种自吹自擂的感觉。
大家好！我是小A！我在这个行业里积累了一些经验。我们可以一起互相学习交流。
旁白：小A以谦虚的态度介绍自己，赢得了别人的尊重和信任。

在自我介绍中，保证真实并适度地展示自己的经验和能力，才能更好地与他人建立互信和合作关系。过度夸耀自己只会给人留下虚假或不可信的印象，影响人际关系。

2. 介绍别人找准时机

小 A 在介绍新来的同事时没有注意到其他人正忙于工作。

我来给大家介绍一下。这是我们的新同事小B，大家欢迎！
哎呀！思路被打断了！
旁白：小 A 的介绍打断了团队成员的工作，引起了他们的不满。新同事也很尴尬。

小 A 选择了恰当的时机介绍新同事。

这是我们的新同事小B，大家欢迎！
欢迎！欢迎！

介绍别人的时机很重要。如果时机不恰当，就可能会导致场面尴尬。因此，我们应该确保在适当的情况下介绍别人。

TIPS 小贴士

1. 在自我介绍时，必须确保所提供的信息是真实有效的。
2. 在自我介绍中，避免过于低调或过分夸张。
3. 在选择介绍时机时，要观察周围的环境和氛围。
4. 除了观察时机，也要考虑选择适当的场合进行介绍。

第二篇 社会交往礼

沟通的前提是倾听

在日常生活中，想实现有效沟通，倾听是至关重要的前提。通过倾听，我们能够捕捉到他人的想法、感受和需求，从而更好地应对各种情况。

1. 仔细倾听，识破陷阱

小A是王总的下属，但张总也是公司的一位管理者。某日，他在茶水间遇到了喜欢八卦的小B。

张总和王总，你更喜欢谁？
我当然更喜欢王总！
旁白：不久，小A发现张总对自己的态度差了很多。最后得知，是小B把自己的言论告诉了别人。

张总和王总，你更喜欢谁？
对管理者怎么能说喜欢不喜欢呢？那得说尊敬不尊敬。对他们两位，我都很尊敬。
旁白：小B见状，自觉无趣，不再多问了。

俗话说："祸从口出。"与他人交流时，我们要小心不要误入他人的言语陷阱。我们要保持高度的警惕，仔细倾听，对可能存在的陷阱进行准确的预判，避免让自己陷入困境。

2. 善于倾听是修养

小A总是听不进同事的建议，导致团队工作出现了问题。

我昨天就跟你说增加社交媒体投放量，你怎么不听呢？客户都投诉到老板那了！
我没想到会这样！
你总是这样固执己见！

小A总是认真倾听同事的建议，大家一起合作，把工作做得十分完美。

我觉得我们需要改变策略了！
嗯！我们确实需要做出调整了！
我们一起来制定新的策略吧！

倾听是每个人都应该具备的修养。如果我们只一味地表达自己的观点而不去倾听他人的看法，就会导致沟通障碍，乃至产生误解和冲突。此外，在工作中过于片面地坚持自己的观点也可能会带来潜在的风险和问题。因此，我们应该重视倾听，了解他人的想法和意见，以便更好地建立关系、解决问题。

TIPS 小贴士

1. 培养自己的判断力和敏感度，识别出话语中的虚假成分；通过观察对方的言谈举止，发现其真实意图。
2. 多看书有助于提高语言表达能力。
3. 专注于对方的发言，避免出现心不在焉或分心的情况。

沟通无需抢答，切忌随意抢话

在沟通中，抢答和打断别人讲话都是不礼貌的行为。我们应该给予对方充分的时间思考和表达，尊重他人的发言。通过认真倾听、积极回应和有针对性的提问，我们可以营造良好的沟通氛围，增进理解，并建立更深层次的情感连接。

1. 沟通无需抢答

小 A 总是在小 B 发表意见时抢话。

你能不能等我说完？
行了！我知道你要说什么！

旁白：小 B 认为小 A 不尊重自己，沟通气氛十分紧张。

我想先分享一下我的想法。
好！你说完我再说我的想法。

旁白：小 A 和小 B 都耐心倾听对方的讲话内容，增强了沟通的效果。

沟通不是一场抢答赛，而应该是一个相互倾听和理解的过程。当我们专注倾听对方的发言，而不是急于表达自己的观点时，才能建立更深入、更有意义的对话，创造出更多合作和共同成长的机会。

2. 不要打断别人讲话

会议上，经理正在讲话，小 A 突然起身打断。

你等会儿再说！谁提醒我一下，我刚刚说到哪儿了？
经理，我有一个新想法。
旁白：小 A 打乱了经理的思路，影响了会议的进程。

会议上，经理正在讲话，小 A 突然有个很好的想法，经理讲完话后他提了出来。

小A的想法很有创意！大家以后都要向小A学习！

打断别人说话是不尊重对方的表现。这不仅会打断别人的思路，还可能破坏和谐的沟通氛围。交流时，我们应该培养耐心倾听的习惯，尊重他人的发言，以建立积极正面的沟通关系。

TIPS 小贴士

1. 给对方充分的时间来表达完整的想法和观点。
2. 控制自己的情绪，培养自己的耐心。
3. 如果你有疑问，可以等到对方发言结束后再提出来。

审时度势，找准时机再插话

在加入别人的话题之前，最好先行询问并征得对方的同意。这样可以展示出我们的尊重，避免冒犯别人或造成不必要的误会。

1. 尊重他人的讨论空间

行政部的小A看到业务部的同事正在激烈地讨论着什么。

我的意见是……
哎呀！你一个行政部的干吗参与我们业务部的话题？

旁白：小A的贸然加入引起了同事的不满。

小A不想因为自己的突然加入而打扰同事们讨论的兴致，便在一旁看着。

我可以发表一下自己的看法吗？
当然！

旁白：小A被同事们邀请加入讨论。

贸然加入他人的话题很可能会让别人觉得尴尬和不适。在加入之前，最好先观察环境和他人的反应，如果没有明确的邀请，我们应该尊重他人的讨论空间。谨慎的态度能够帮助我们避免尴尬局面。

2. 适时参与话题

小A看见两个同事正在聊天，于是上前加入，询问他们在聊什么。

你们在聊什么呢？
旁白：两个同事正讲在兴头上，没有回应小A。小A感觉自己被冷落了。

小A看见两个同事正在聊天，他在听明白了同事们的聊天内容后加入了讨论。

我觉得你们说的也都挺有趣的！
哈哈！小A，你的观点太有趣了！

在充分理解他人谈话内容的前提下适时加入，才可以更好地融入话题。记住，尊重和理解是成功参与他人话题的关键。

TIPS 小贴士

1. 加入他人的话题之前，要尊重对方的意愿。
2. 可以先在旁边安静地倾听大家的讨论，对讨论的主题和氛围有一个大致了解，在听明白他人讨论的内容后再找机会加入。

过分玩笑开不得，开玩笑要分场合

开过分的玩笑可能会冒犯或伤害他人感情。因此，在人际交往中，我们需要注意避免乱开过分玩笑或戏弄他人，以免引起别人的误解和不满。

1. 过分玩笑开不得

小A特别爱开玩笑，开玩笑时完全没有分寸。

你觉得你很幽默吗？
哈哈哈！小B你这身形走姿应该去南极！

旁白：小A的玩笑让小B顿时火冒三丈。

小A拿小B的外貌开玩笑，小C赶紧制止。

别这样说人家！每个人都有自己的优点和不足。

旁白：小C及时为小B辩护，让小A意识到了自己的错误。

朋友之间适当开玩笑可以拉近彼此的距离，但如果开玩笑超过了尺度，就可能会对别人的情感和心理造成伤害。同时，开没尺度的玩笑也会让人觉得你缺乏教养。因此，在开玩笑时应该秉持适度原则，避免冒犯他人。

2. 开玩笑要分场合

大家在会议上讨论公司的困境。当轮到小A发言时，他自以为幽默地说了句笑话。

小A，你觉得这种场合开玩笑合适吗？
这有什么可担心的！就算黄河的水倒流，我们公司都不会倒闭！

小A参加朋友的聚会，他讲了一个笑话，大家笑声不断。

我从没参加过这么豪华的派对，跟刘姥姥进了大观园一样。
哈哈哈！太好笑了！
哈哈哈哈！

旁白：小A成功地给大家带来了欢乐。

一般情况下，适当地开玩笑可以给他人带来欢乐，产生积极影响。但是在正式、庄重的场合和敏感的环境中，开玩笑一定要慎重。要看清场合，观察人们的情绪，明白人们当下的心理期望，再选择适当的对话内容和方式。

TIPS 小贴士

1. 避免触碰敏感话题或对他人开冒犯性质的玩笑。
2. 在开玩笑之前，务必思考自己的言辞是否会让他人产生误解或对他人造成伤害。
3. 开玩笑时要注意倾听并观察他人的表情，如果发现对方不悦，应及时打住并向其道歉。
4. 避免在正式的场合或敏感的环境中开玩笑。

不可不知的"非暴力"回敬话术

无论是在生活中还是职场中，我们可能经常会受到一些不友善的语言攻击。如何在保持自身体面的前提下进行有效反击，是我们无法回避的问题。

1. 有人当众嘲讽你怎么办？

某日公司聚餐。体型微胖的小B和小A坐在了一起。

慢点儿吃！你看你，跟没吃过饭一样！
菜太好吃了！加上我又饿了！

旁白：小B尴尬地解释了一番，虽没对小A进行反击，自己心里却很难受，最后饭也没吃饱。

慢点儿吃！你看你，跟没吃过饭一样。
怎么了？难道主管点的菜不合你胃口？

旁白：小A被怼得哑口无言，默默低头吃饭了。

当我们受到他人无中生有的刁难或嘲讽时，第一反应可能是解释和澄清。但这样的做法既不能起到自我保护的作用，也无法让对方认识到他们自身的问题，甚至会使其变本加厉。遇到这种情况，我们应保持自信和冷静，抓住对方话里的漏洞进行反击。

2. 面对同事的阴阳怪气该怎么应对？

小 A 很喜欢某知名咖啡品牌的新品，通常早上买一杯带着去上班。

你很有钱嘛！每天都喝这么贵的！
那说明你还得继续努力！要不然看什么都会觉得贵！

两人谁也不让谁，最后大打出手，双双被公司记过。

你很有钱嘛！每天都喝这么贵的！
对价格这么熟悉！看来你平时也没少喝啊！

旁白：小 A 笑着反击了小 B，小 B 涨红了脸，最后只好灰溜溜地走开了。

职场中，面对同事的阴阳怪气，有人选择忍耐，有人选择爆发，但都是伤敌一千、自损八百的方式。只要把话说得一针见血，平静乃至和善的态度会比强硬、刻薄的态度更具震慑力。

TIPS 小贴士

1. 在面对挑衅或批评时，保持冷静是非常重要的。这有助于更好地应对问题，并避免因情绪化而做出冲动的决策。
2. 专注于自我提升和成长，能使你更加自信和有涵养，从而更好地应对类似问题。

别人夸你怎么办？

当我们被他人夸赞时，如果应对不好，可能会招致不满甚至忌恨。要想巧妙合理地应对这种情况，展现我们从容、自信的气度，就需掌握一定的礼仪和话术技巧。

1. 管理者当众夸你该怎么办？

小A干活迅速又漂亮，深得B总的喜爱。这天公司聚餐，B总当着所有人的面夸奖了他。

大家要向小A看齐啊，这次做出来的方案很优秀！
没有没有！我还有很多地方没处理好呢！
旁白：小A的回答让同事觉得他在故作谦虚，聚餐结束后便在公司引起了议论。

大家要向小A看齐啊，这次做出来的方案很优秀！
谢谢B总！跟着您干能不好吗！那可都是B总您教得好啊！
旁白：小A巧妙地将焦点转移到B总身上，让大家都笑了起来。B总也乐呵呵地接下了这杯酒。

当有人在众人面前夸奖你时，选择转移讨论的焦点是一种明智的选择。这样做可以阻止他人对自己的过分关注，也可以展现出你的谦逊态度和团队精神。

2. 当你被顾客夸奖时该怎么机智回应？

小 A 是某化妆品柜台的导购。顾客小 B 来退换化妆品，小 A 提供了热情服务。

哪里哪里！应该的！
真是太麻烦你了，陪我折腾这么久！你的服务态度真好！
旁白：顾客小 B 又简单客套了两句，很快离开了柜台。

您过奖了！您不但素质高，而且人也好，说话也尊重人。我用心为您多做点是应该的！
真是太麻烦你了，陪我折腾这么久！你的服务态度真好！
旁白：顾客小 B 很高兴，向总部反映了小 A 的服务态度。小 A 因此获得了奖励。

人人爱听漂亮话，被夸奖后反夸对方，能让对方获得满足感和亲切感，迅速加深对方对你的印象和好感。

TIPS 小贴士

1. 巧妙接住管理者的夸赞，反向赞美管理者的领导才能。
2. 强调自己成绩的取得是团队共同努力的结果，展现出团队精神。
3. 把顾客对我们的歉意变成对他们的夸赞，可以减轻顾客的心理负担，同时赢得好感。

职场巧妙接话，展现自身智慧

工作中，管理者经常会出一些难以回答的问题。干净利落的回答和幽默乐观的态度能帮我们更好地应对这些难题，进而展现自己的智慧和实力。

1. 下班后管理者突然问你“有空吗”，你该怎么回答？

刚一上班，B总来找小A。

小A啊，这周有空吗？
啊？B总，是要……那个出差吗？我可能没时间。
旁白：小A的回答让B总觉得他工作态度不积极，很不悦地离开了。

小A啊，这周有空吗？
B总，我这周剩下的工作预计要周五才完成。有什么事您先吩咐，我忙完后第一时间处理。您看可以吗？
旁白：小A周全的回答让B总十分满意，给他留下了很好的印象。

我们经常会碰到被管理者问“有空吗”之类的问题，这时候，我们的回答一定要干净利落，最好说明当前的情况。这样，无论这个回答是否符合上司心意，只要原因合情合理，管理者一般都不会太过计较。

2. 管理者说你"手气不错"时你该怎么回？

国庆放假期间，A总在公司群里发了个大的红包。小B手气极好，抢得最多。回公司后，小B和A总在茶水间相遇。

小B，你手气真不错！
那当然了！我出了名的运气好！

旁白：小B得意的语气让A总听了很不舒服。

小B，你手气真不错！
没有A总的大气，哪有我的好手气！有您这样的管理者带领是大家的福气啊！

旁白：小B的回答让A总大笑，之后便经常找他讨论工作。

管理者说你"手气不错"时，千万不要自鸣得意、自我炫耀，而是要反向赞美对方。这是一种职场礼仪，同时也能展示出你的周到和修养。巧妙地抬高管理者，可以让他对你印象深刻，从而赢得好感。

TIPS 小贴士

1. 保持敬业的心态。如果有紧急任务需要处理，可以表示自己愿意留下来协助，并尽快完成任务。
2. 感谢管理者的夸奖，适当把夸奖的焦点转移到对方身上。

职场金钱往来多，转变思路巧应对

职场中，我们时常会遇到一些涉及金钱的难题。有时是得到钱，却不知如何回应；有时是得不到钱，却不知如何索取。转变思路或方法，就能不失礼节、不伤和气地应对此类难题。

1. 同事转你早饭钱，到底该不该收？

这天，A总让小B帮忙买早餐，而后小B收到了A总的转账。

不用了，A总！没多少钱！
旁白：A总觉得欠了小B的人情，不再找他帮忙。

A总，您太客气了！这是我分内的事，待要不收吧，又怕您下次有事不找我了，那这次就恭敬不如从命了！
旁白：A总很喜欢小B的处事方法，两人在生活上也成了很好的朋友。

帮同事买饭，同事转给你钱，事虽小，却不应敷衍回复。收和不收都要说明其中缘由，让同事称心。同时，在解决这种问题时，还要考虑同事的性格和行事风格，以免适得其反。

2. 给同事买咖啡，对方却忘记给钱了怎么办？

小 A 替同事老 B 买咖啡，结果老 B 忘了给钱，他便用自己的钱先垫付了。结果老 B 迟迟不提此事，小 A 为此十分着急。某日下班他敲了老 B 的门。

哦！是吗？我忘了！
上次买咖啡的钱，您忘记给我了！

旁白：小 A 直接提醒老 B，像在指责老 B 忘事，让两人都很尴尬。

B总，前两天您让我给您买的咖啡味道怎么样啊？如果不行的话我再换一家，您平常要是想喝咖啡了直接吩咐我去买就行了，等您有空了钱再一起给我。

旁白：老 B 听了小 A 的话突然明白过来，并给小 A 多转了一次钱，请小 A 次日再买一杯。

当同事忘记给钱时，直接提醒他们可能会给他们造成不必要的压力，也会因不礼貌而影响他们对自己的印象。我们可以适当提醒对方，达到目的即可。

TIPS 小贴士

1. 同事转钱要收，但要顺带表明一下心迹。
2. 发挥主观能动性，巧妙要回自己的钱。选择合适的时机提醒对方，避免遗忘。

算好自己的“人情债”

每个人都是多种社会角色的集合体，牵涉复杂的情感和利益往来。“人情债”处理不好，很可能会导致一段社会关系走向破裂。因此，我们每个人都要学会妥善处理“人情债”。

1. 别人帮了忙，应该如何还人情？

小A家里出了点状况，但他因工作脱不开身，便请在老家的朋友小B帮忙。不久，小A回家，见到了小B。

小B，谢谢你。
没事，一点小事而已。
小A
小B

旁白：事虽不大，却也让小B花了很多时间。听见小A空洞的回答，小B不免有些寒心。

小B，上次那个事已经解决了，真是多亏你啊！如果不是你，这个事情肯定很难办。我一定要请你吃顿饭，好好感谢一下你。对了，你什么时候有空啊？
哈哈哈，今晚就有空！
小A
小B

旁白：小A的道谢很是诚恳，说到了小B的心里。这晚两个人饱餐一顿，开怀畅聊。

及时还别人人情是维护人际关系的重要手段。在此过程中，我们需要注意表达感谢的语气和分寸，以及还人情的方式。要能够展现自己的诚意，赢得他人的信任。

2. 对能够帮助的人伸出援手

小A因为投资失败，欠了不少债务。最后，他向只是普通同学的小B求助。

小B，我还有最后一点窟窿需要填上。我没有人能借了，才来打扰你。我发誓一定会还给你！
没问题！我相信你！
旁白：小B按照承诺将钱借给了小A。小B的朋友小C听说了这件事，担心不已。

你傻啊！你们又没多大交情，要是他不还你钱怎么办？
小A的人品还是可以的，而且我这次借他钱，他就会想着我。下次我有什么困难，他也一定会帮我的。
旁白：果不其然，小A工作后很快还上了钱。后来小B有事需要帮忙，便找了小A，小A二话不说就答应了。

对能够帮助的人伸出援手能够使双方关系更加紧密，更能长久维持。这种做法并非意味着我们要强求对方回报，而是给予对方一个可以表达感谢的机会，同时也为自己留下退路。

TIPS 小贴士

1. 在人际关系中，我们要懂得礼尚往来。当他人帮助我们时，我们要及时回报他们的帮助，可以以对方的需求为前提送他们礼物或者采取对方喜欢的方式进行回报。
2. 面对他人的困难要提供帮助，这一方面有利于建立和谐的关系，另一方面也可以让自己在困难的时候多一条路。

第二章 访人做客礼："礼多人不怪"，收获好人缘

扫码跟名师学礼仪

守时守信，赢得人心

拜访他人，应该先提前约好时间，以免扰乱被访者正常的生活秩序或工作安排。如果事先已约好，就应遵守时间，准时到达。

1. 访问要预约

小A去拜访客户，但没有提前预约时间。

您好，张经理！咱们把谈好的项目合同签了吧？
哎呀！你也没说今天来！太不巧了，负责合同章的同事请假了！
旁白：小A白跑一趟。

张经理，您下周一有空吗？如果有空，我去拜访您，顺便把咱们谈好的合同签了。
下周一有空，你过来吧！
旁白：小A提前跟客户预约好时间，成功签订了项目合同。

通过提前预约，我们不但可以向对方传达希望见面的意愿，也可以让对方有时间安排和准备。这样便可以确保双方在合适的时间和地点进行交流。

2. 到访要守时

小 A 跟客户约好下午两点见面，结果两点半小 A 才到，眼睁睁地看着客户上车走了。

不好意思，我迟到了！张经理……
我得赶飞机！
旁白：小 A 因为自己不守时，错过了与客户的商谈机会。

旁白：小 A 跟客户约好下午两点见面，他准时到达客户的办公室。
你做得很完善！离我出发去机场还有半小时，咱们可以把合约签了。
张经理，关于项目策划案，我想听听您的意见。

守时不仅显示出我们对他人的尊重，还可以展示自己的专业能力，增加与他人进行商业合作的机会；不守时则可能会导致自己手忙脚乱，给他人留下不好的印象，从而错失合作机会。

TIPS 小贴士

1. 提前跟拜访对象预约时间、地点、商讨事项。
2. 提前规划好交通路线，留出充足的时间，避免迟到。
3. 在实际到访之前，最好再次确认约定。
4. 由于某种原因自己无法按时到达或需要改变计划时，及时告知对方。

知其所好，避免“无效送礼”

在人际交往中，送礼物是表达我们对他人关心的有效方式。在选择礼物时，我们应该充分考虑对方的兴趣和品位，并提前准备好。这样，才能更好地表达我们的用心和祝福。

1. 提前准备礼物

经理把为客户准备礼物的事情交给了小A。小A从网上买的礼品一直到跟客户见面的当天才送到。小A急匆匆地拿着去见客户，结果打开一看是坏的。

这……我换一个再给您邮寄吧！
没关系！不用了！
旁白：客户虽然嘴上没说，心里却不太满意。

小A非常重视客户，每逢节日都会提前准备一份精心挑选的礼物送给客户，确定好礼物没问题后再拿给客户。

这是我们团队一点小小的心意，希望能够表达我们对您的感谢！
哇！太精美了！谢谢你们的用心！
旁白：小A的细心和用心让客户非常感动。

提前准备礼物，能够避免时间紧迫和匆忙选择所造成的突发情况，确保通过精心筛选，挑选到符合对方喜好的礼物。相反，如果不提前准备礼物，可能会迫于时间压力而限制了选择范围，导致礼物不适合对方，让赠送礼物的意义和效果大打折扣。

2. 赠礼要知喜好

小 A 并没有提前了解客户的喜好，自作主张选了一本书送给客户。

这本书很不错，送给您。希望您喜欢！
谢谢！不过我不喜欢这个作者的书！

我知道您喜欢阅读，所以为您准备了一本最新出版的畅销小说。希望您会喜欢！
哇！这本书很抢手的。太感谢了！

旁白：小 A 提前了解到客户的喜好，并准备了一份贴心的礼物。客户高兴地接受了礼物，并感受到了小 A 的用心。

赠送礼物是为了拉近彼此的关系，但如果礼物不符合对方的喜好，就可能适得其反，让对方感到不被重视或者你不懂他。因此，在选择礼物时，务必考虑对方的喜好，注重个性化和独特性。这样才能真正传达出你的用心和关爱，从而加深彼此的感情。

TIPS 小贴士

1. 给别人准备礼物要留出充足的时间。
2. 仔细观察并了解对方的兴趣爱好是选择合适礼物的关键。
3. 除了考虑对方的兴趣爱好，还要考虑对方的实际需求和礼物的实用性。

礼尚往来，职场交际讲究多

职场中，互赠礼物是拉近彼此距离的有效方式，但赠礼也有很多注意事项，比如赠礼的场合和时机，以及赠礼时怎么说话等。掌握赠礼诀窍，会让你的职场交际之路畅通无阻。

1. 赠礼需避人

小A去拜访客户，精心准备了一份见面礼。他当着客户同事的面将礼物递给客户。

谢谢！不过礼物就不必了！
这是一份小小的见面礼，请您笑纳！

小A去拜访客户，精心准备了一份见面礼。他看办公室没有其他人了才把礼物拿出来。

你太客气了！谢谢你的礼物！
这是一份小小的见面礼，请您笑纳！
旁白：客户欣然收下了小A赠送的见面礼。

在赠送礼物时，应当考虑对方的感受，尽量避免让对方尴尬或不自在。我们可以选择一个较合适的场合，以便更好地赠送礼物，传达我们的心意，同时也能够让对方更好地接受礼物。

2. 如何应答对方的客套话?

小A带了礼物去看望客户B总。

下次来千万别带礼物了!
那怎么能行?一点薄酒而已!

旁白:B总听了小A的话笑了笑,心里却感觉不舒服,仿佛被看轻了一样。

下次来千万别带礼物了!
您不仅是我的长辈,也是我的良师益友。这不是礼物,而是我的心意,也是我的祝福。我不带着心意和祝福,怎么好意思来看望您呢?您放心,我知道分寸的!

旁白:B总听了很是喜欢,和小A愉快地交谈了起来。两个人度过了一个愉快的下午。

回应对方受礼的客套话,关键在于把握分寸,既要表达出对对方的敬意,也要避免过分谦虚,以防产生相反的效果。我们可以根据实际情况,选择适当的表达方式,展示出自己的谦逊和尊敬。

TIPS 小贴士

1. 尽量不要当着其他人的面赠送礼物。
2. 我们要注意措辞,把握好分寸,点明送礼的必要性和自己的心意。

入座有先后，言谈要谦逊

在活动或者聚会中，我们要遵循正确的入座顺序，以表明对他人身份的尊重，避免给人留下不礼貌的印象。言谈时态度谦逊、认真倾听、尊重他人的观点是建立积极关系和进行良好交流的关键。遵循入座顺序，保持谦逊的态度，可以营造出和谐、愉快的社交氛围，并增进彼此的互动和理解。

1. 入座有先后

爸爸带小A去老战友家做客。进门后，长辈还没坐下小A就先坐下了。

这孩子，二十多岁了还没规矩。我和你叔叔还没坐你就坐下，合适吗？
哎呀！现在的年轻人哪懂这些规矩啊！

旁白：小A的行为让父亲不满，也给他的老战友留下了不好的印象。

爸爸带小A去老战友家做客，小A等两位长辈寒暄完都坐下后自己才入座。

小A，快坐下，喝点茶！
谢谢叔叔！

旁白：小A听到爸爸战友的话后才礼貌地坐下来。

在传统礼仪中，让别人先入座被视为对长辈或地位更高的人表达尊重的方式之一。如果没有遵循入座顺序，会给别人一种不被尊重的感觉，同时也会给人留下不懂礼貌的印象。因此，在任何场合，我们都应该按顺序入座，以展现我们对他人的尊敬。

2. 谈话要谦逊

小A和小B正在讨论一个话题。

我觉得我说的就是对的，
你没必要再跟我争论了！

旁白：小A的态度让小B感到沮丧，导致他们之间的对话陷入僵局而变得不愉快。

我认为这个问题可以这样解决，
但是我也很想听听你的看法。

旁白：小A表达出自己观点的同时虚心倾听和学习，两人充分交流了解决问题的不同办法。

谦逊展现了我们对他人的尊重，表明了我们愿意倾听和主动学习的态度。因此，少说夸大自己的话，时刻保持谦逊，有助于赢得他人的认可并建立和谐的关系。

TIPS 小贴士

1. 入座前观察周围的人，让长辈和管理者先入座。
2. 待主人或长辈邀请后再入座，找准自己的位置。
3. 与他人交谈时，秉持谦逊倾听的态度，尊重他人的观点和做法。

主人物品不乱翻，受人款待要感谢

去别人家做客时，我们应该尊重主人的隐私，不乱翻主人的物品，并对主人的款待心存感激，向主人表示真诚的感谢。这些简单的言谈举止可以展现出我们的个人修养。

1. 主人物品不乱翻

周末，小A到朋友家去做客。朋友在厨房做饭，小A帮不上忙就想看看朋友的书，结果在翻找的时候不小心把朋友的花瓶打碎了。

真对不起！
没关系！碎碎平安！

旁白：碎了的花瓶让他们在聚餐时很不舒服。

周末，小A到朋友家去做客。朋友在厨房做饭，小A帮不上忙就想看看朋友的书，但他知道不能随便乱翻主人的东西，于是请主人帮忙拿。

我想看一下那本书。可以帮我拿一下吗？
好的，这就帮你拿！

旁白：朋友做好饭，两人一起品尝了佳肴，度过了愉快的一天。

客人不要随意翻主人的物品。如有需要，可以征求主人的意见，让主人帮忙拿取。这样可以避免侵犯他人隐私或引起误会。

2. 受人款待要感谢

小 A 去小 B 家做客。小 B 忙活了一上午专门给小 A 准备了一桌好吃的。

是不是不合口味啊？我的手艺确实不够好！
下次还是出去吃吧！
旁白：听了小 A 的话，小 B 很伤心。

爱吃就多吃点！还有呢！
你做的菜简直太好吃了！辛苦了！
旁白：看到小 A 吃得满足，小 B 非常开心。

当我们受到款待时，要记得表达感激之情。这是基本的做客礼仪，是对对方的重视和尊敬，也是对对方劳动成果的褒奖。懂得感恩，才能与他人建立良好的关系，才能更好地体验生活中的美好。

TIPS 小贴士

1. 不要随意乱翻主人的物品，如有需要可以先征求主人的同意。
2. 去别人家做客时，不要将自己的东西乱放或弄脏他人的物品。
3. 对于主人的款待，要真诚地表示感谢。

盘中菜肴不可尽，适时告辞显风度

在做客时，我们不能将菜肴全部吃完，因为这会让主人认为客人没吃饱，以为自己招待不周。同时，要适时起身告辞，向主人道别并表达谢意。

1. 菜肴不可全吃完

朋友乔迁新居，小 A 带了礼物来祝贺。朋友烧了一大桌子菜招待小 A。

小A，菜做少了。你没吃饱吧？
不是！不是！是你做的菜太好吃了！
旁白：朋友觉得自己的菜可能是做少了，没有招待好小A，感到有些抱歉。

小A，再吃点！
你做的菜太好吃了！我确实还想再吃点，可是再吃肚皮就要撑爆了！
旁白：朋友看到桌子上剩下了一些菜，知道小A吃饱了才安心。

把主人做的菜全部吃光不仅是贪吃的表现，也是在暗示主人菜做得少了，需要再加菜。这会给主人带来麻烦。万一主人准备的饭菜不多，那就尴尬了。

2. 要适时起身告辞

小A和客户小B讨论完方案后还想闲聊，但小B后面还有会议要开。

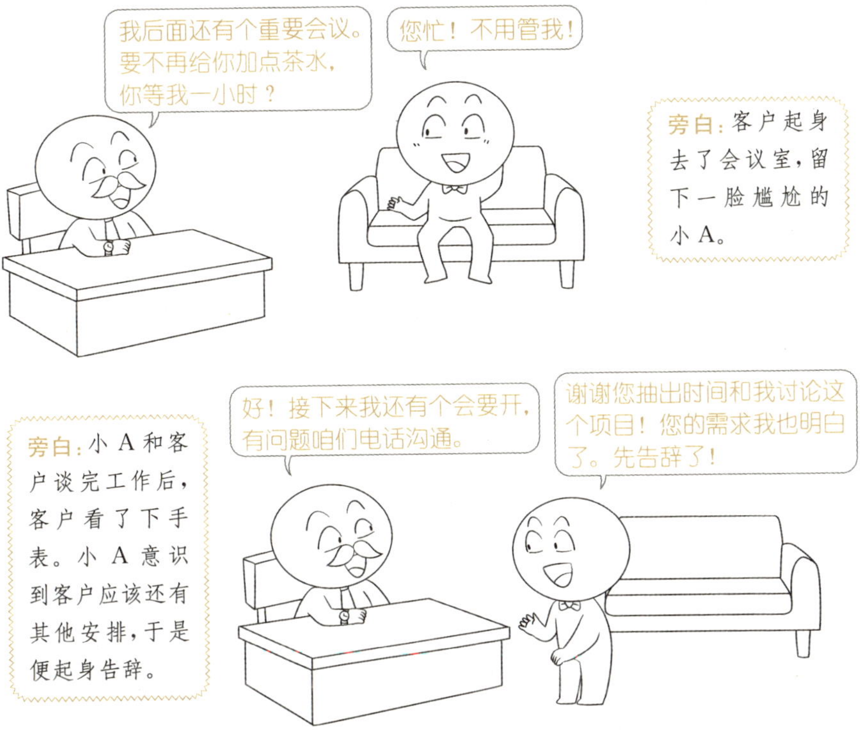
我后面还有个重要会议。要不再给你加点茶水，你等我一小时？
您忙！不用管我！
旁白：客户起身去了会议室，留下一脸尴尬的小A。
旁白：小A和客户谈完工作后，客户看了下手表。小A意识到客户应该还有其他安排，于是便起身告辞。
好！接下来我还有个会要开，有问题咱们电话沟通。
谢谢您抽出时间和我讨论这个项目！您的需求我也明白了。先告辞了！

拜访结束要适时起身告辞，因为主人可能还有其他事务或安排。适时告辞可以体现出我们的体贴和关心。在离开之前，需再次对主人的款待表达感谢。这样，我们可以展示出对主人的尊重，让聚会在愉快的气氛中结束。

TIPS 小贴士

1. 在用餐时，留意饮食进度以及饭菜的余量。
2. 饭菜少时，不要吃干净；饭菜多时，则可多吃一些以减少浪费。
3. 找合适的时间主动起身告辞。
4. 告辞时再次向主人表达真诚的谢意。

第三章 迎宾待客礼：如何当好东道主

扫码跟名师学礼仪

迎接宾客，有序准时是关键

宾客来访时，我们要以真诚的笑容和热情洋溢的言语表达欢迎之情，提供清晰明确的指示以帮助他们找到目的地或特定区域，确保有序的迎接方式，尊重在场的每一个人。这样，才能为来宾创造舒适愉快的到访体验。

1. 为来宾引路

上级管理者来视察，已经到会议室了，小A才急匆匆地跑来。
别跑了！我不考核你的体力！
对不起！我来晚了！
旁白：小A的表现给领导留下了很不好的印象。
好的！谢谢你帮我引路！
您先请！咱们先去会议厅！
旁白：小A顺利完成接待工作。

在商务场合，接待不周会让来宾感到不受重视，不利于与其建立良好关系，从而错过展示我方专业素养和优质服务态度的机会。因此，我们要重视每个细节，提供准时、周到的向导服务。

2. 有次序迎接

小A和父母一起去门口迎接来家做客的女朋友和未来的岳父岳母。小A父母刚要上前握手，就被激动得忘了礼节的小A抢了先。

哈哈！这孩子真是个热情的人！
欢迎叔叔阿姨！
欢迎！欢迎！
他就是这样傻乎乎的。
旁白：小A的行为让场面有些混乱和尴尬。

谢谢！很高兴见到你们！
欢迎！欢迎！真高兴你们能来我家做客！
欢迎叔叔阿姨！
叔叔阿姨好！
旁白：小A等到父母和对方父母握手寒暄完后，才上前问候，两家人相谈甚欢。

要有次序地恭迎客人，并上前致礼问好。当身边有父母时，要待父母行礼后，自己再上前行礼问好。

TIPS 小贴士

1. 在宾客到达之前，做好迎接准备。
2. 以真诚的笑容和热情的言语迎接来宾，表达我们的欢迎之情。
3. 使用简单明了的言语和手势，引导来宾前往目的地或指定的区域。
4. 迎接客人时，站位要有次序。

介绍长幼分先后，款待孩子应主动

我们在给别人做介绍时，应该将幼者介绍给长者，以示对长者的尊敬。当宾客里有小朋友时，我们要为他们准备一些小玩具或零食点心，主动与他们互动交流，营造温馨的气氛。

1. 先将晚辈介绍于长辈

小A带女朋友参加家庭聚会，进门看到了妈妈，便把妈妈介绍给女友。

哎呀！小A，你真是不懂礼节！应该先把我介绍给阿姨。这叫长幼有序！
这还有讲究呢？以后一定注意！

小A带女朋友参加家庭聚会，进门看到了妈妈，便把女友介绍给妈妈。

谢谢阿姨！
妈妈，这是我女朋友。她叫小B。
你好小B！欢迎你！

当有客人到访时，请遵循以下介绍顺序：先将年幼、位低者介绍给年长、位高者，再将年长、位高者介绍给年幼、位低者。如果二人年龄相仿，则应先将先到的介绍给后到的，再将后到的介绍给先到的。

2. 主动款待小朋友

小 A 的同事小 B 带着 3 岁的儿子来做客，小 A 没给小客人准备零食和玩具。不一会儿小朋友就觉得无聊，吵着要回家。

呜呜呜！小A叔叔家没有玩具！我要回家！
小朋友，你几岁啦？
旁白：小 B 怎么都哄不好儿子，无奈只能提前回家。

小 A 的同事小 B 带着 3 岁的儿子来做客，小 A 主动款待小朋友。

小宝贝真可爱！这是叔叔给你准备的棒棒糖和玩具。
谢谢小A叔叔！

我们要主动款待宾客中的小朋友，并提供适合他们年龄的零食、玩具或其他娱乐方式。这样可以引起他们的兴趣，使他们感到满足。这种关心和照顾不仅能使小朋友快乐，也能让他们的父母开心，进而也能给聚会带来更好的互动效果。

TIPS 小贴士

1. 注意观察被介绍者的年龄和地位。
2. 对待小朋友要充满友善、耐心和关爱。
3. 提前给小朋友准备符合他们年龄的玩具和零食。

受人馈赠要感谢，礼品不可当面拆

客人到访都会带一些礼物，主人要表达感谢。同时，不要当着宾客的面打开礼物。这么做表示自己看重的是相互间的情谊，而不是物质利益。

1. 受人馈赠要感谢

小A收到了客人送的一份礼物，他不太喜欢。

嗯！放那吧！
这是我精心给您准备的礼物，希望您喜欢！

旁白：小A的反应让客人不知所措。

太感谢了！好精致！我会珍惜它的！
这是我的一点心意，希望您喜欢！

旁白：虽然小A心里并不是很喜欢这份礼物，但还是决定以感谢和尊重为出发点回应客人的好意。

当我们收到他人赠送的礼物时，应该真诚地表达感谢。无论礼物是否符合期望，我们都应该对他人的心意给予礼貌的回应，以维系良好的人际关系。

2. 礼品不可当面拆

客人送小 A 一份礼品，小 A 当场拆开。

还挺喜欢的！
喜欢吗？

旁白：小 A 不是特别喜欢，还得表现出很喜欢的样子，最后做出来一个十分古怪的表情。

客人送小 A 一份礼品，小 A 没有当场拆开。

哇！好精美！谢谢！谢谢！
喜欢吗？

旁白：小 A 没有当着客人的面拆礼品，而是向其表达感谢。气氛和谐而愉快。

当面拆礼物是很不礼貌的行为：一方面显得收礼的人很没有素质，好像迫不及待地想收到这份礼物一样；另一方面，万一人家的礼物并不是那么贵重或者你不是那么喜欢，送礼的人捕捉到你下意识的反应后会很尴尬。

TIPS 小贴士

1. 及时对客人馈赠礼物表达欣喜之情，并表示真诚的感谢。
2. 等客人离开后再拆礼物。

客人面前不争吵，招待客人莫分心

在与客人相处的过程中，我们应该牢记两个原则：不当着客人的面争吵；不能冷落客人。这意味着我们要以礼貌和尊重的态度对待客人，即使在困难或不愉快的情况下也要保持沉着冷静。同时，我们要确保客人感受到我们的热情，不可忽视任何一位客人。

1. 客人面前不争吵

家里来了客人，小A与老公因为琐事发生了争吵。

你俩都消消气！我还有点事儿，改天再来拜访。
你能不能小点声？家里还有客人呢！
有客人怎么了？你错了就是错了！
旁白：客人感到非常尴尬和无奈，赶紧拿起自己的物品离开了。

当然可以！
老公，我刚刚注意到你做了一件错误的事情。我们可以心平气和地沟通一下吗？
旁白：小A与老公没有当着客人的面争吵。客人的做客体验很好。

如果在待客的过程中遇到问题，我们可以选择私下沟通解决，而不是在客人面前争吵。不论是在家里还是在其他场合，当着客人的面争吵都是一种不礼貌的行为，会让客人觉得自己不受欢迎。

2. 招待客人莫分心

咖啡厅里，小A跟客户寒暄几句之后就开始低头发信息，一发就是半小时。这时候客户接了个电话。

喂！好！我就要你们公司的产品了。
我还得回几个重要消息。您稍等我一下！

旁白：客户跟小A的竞品公司确定了合作。

咖啡厅里，小A跟一位不太爱说话的客户热情地寒暄，并且始终保持专注和互动，生怕冷场。

我有点社恐，但是跟你聊天真是一种享受！
哈哈！那我们以后就多聊天！

旁白：两个人愉快地敲定了合作事宜。

招待客人时，频繁看手机或因其他事情分心都是对客人的不尊重。我们应该集中注意力与客人交流，避免因分神或被其他事情干扰而让客人感到被冷落。

TIPS 小贴士

1. 切记：不要当着客人的面争吵。
2. 招待客人时要专心，尽量不被其他事情干扰。
3. 积极寻找话题与客人交流。
4. 努力为客人创造愉快的体验。

待客一视同仁，落座客人先请

我们应该以平等和友善的态度对待每位客人。请客人先入座可以传递我们对客人的关怀，让客人感受到我们的尊重。

1. 待客需一视同仁

小 A 公司举办了一场客户答谢晚宴，既有大客户，也有小客户。

小A，你一直陪着我不太好吧？
没事儿！您是我的财神爷，必须把您陪好了！
小A，你今天那么忙，我就先撤了！
小A，你忙你的，我还有事先走了！
旁白：小 A 对待客人的态度有所区别，给客人留下了很不好的印象。

感谢小A的款待！我们一起合作共赢！
合作共赢！
小A，你的服务太周到了！我打算把公司“最佳合作伙伴奖”颁给你。
来！来！来！我们一起举杯，感谢大家的支持！
旁白：小 A 对待客户一视同仁，给客户留下了专业的印象。

招待客人千万不要根据身份不同而厚此薄彼。区别对待不仅会让没被招待好的客人感到失望、焦虑甚至愤怒，也会显得我们没有专业素养，进而对双方的合作关系产生不利影响。

2. 请客人先入座

小 A 请合作的客户团队吃饭。进入包间后，小 A 先坐了下来。客户发现差一个座位，只能自己喊服务员加椅子。

你坐我这里！
不用不用！我等一下再坐！

旁白：小 A 看客户不肯坐，意识到自己先入座的行为很不合适。

旁白：小 A 定了包间来招待合作的客户团队。他站在包间门口，热情地迎接客人，并一个个安排就坐，自己最后一个坐下。

欢迎光临！请先入座！
谢谢！你太细心了！
小A，你安排得真周到！

招待客人时，一定要以客人为尊，请客人先入座。等客人都入座了，主人再入座，这才符合礼仪之道。

TIPS 小贴士

1. 平等对待每一位客人。
2. 优先安排客人入座。
3. 人多照顾不周的话可以提前说明，让大家谅解。

待客做客不喂狗，客前主人莫喝狗

请客吃饭时不管是主人还是客人都不应该给狗喂食，这是对彼此的尊重。此外，主人还应当避免当着客人的面对狗进行吆喝，可以提前将宠物安置在适当的地方，保证待客环境安静、温馨。

1. 做客就餐不喂狗

小 A 去小 B 家做客，就餐的时候时不时地夹食物给狗吃。

小A，是不是我做的饭菜不合口味啊？
没有啊！挺好吃的！
旁白：小 A 的行为让小 B 误以为自己做的饭菜不好吃。

旁白：小 A 去小 B 家做客，非常喜欢小 B 家的狗，他想拿些食物喂它。但他知道这是很不礼貌的行为，所以并没有这么做。
小乖乖，一会儿让你主人拿些狗粮喂你吧！

现在很多人都喜欢狗、宠爱狗，吃饭时会随意拿一块骨头或者肉喂给狗吃，这样一个看似很平常的行为，却暴露了行为礼仪的严重缺失。

2. 客前主人莫喝狗

小B去小A家做客，见小A家的狗跑来跑去的。

什么意思？
滚开！
旁白：小A意识到了自己的错误，并及时解释了自己的行为。

小B去小A家做客，小A提前将狗关了起来。

谢谢！你太细心了！
欢迎！欢迎！快请进！知道你有点怕狗，我提前让它进自己“房间”了。
旁白：小A的做法让小B觉得很暖心。

为了确保待客环境的整洁和舒适，我们应该在接待客人前安置好宠物。这样不仅可以避免因为阴差阳错而产生误会，也能展现我们的细心和体贴。

TIPS 小贴士

1. 请客吃饭时不要喂宠物。
2. 在客人面前不要吆喝宠物，可以在客人到来之前将宠物安置在合适的地方。

客人辞别——热情挽留与远送的艺术

在客人告别时，主人应及时挽留，以显示对客人的不舍。而当客人离开时，主人应远送，如陪同客人到门口、握手或拥抱，并表示欢迎客人下次再来。这样的送客礼仪不仅展示出主人的热情好客，也让客人感受到被重视，更能加深彼此的情谊。

1. 客人告别要不舍

朋友来小A家做客，发现时间不早了，于是起身告辞。

小A，我准备回去了！
好的！

旁白：小A的冷淡回应让朋友觉得自己不受欢迎。

小A，我得走了！
着什么急啊！我还没跟你聊够呢！

旁白：小A的挽留让客人觉得自己很受欢迎。

送客礼仪重在不舍。当客人准备告辞时，主人要真诚挽留。如客人执意要走，主人应该先等客人起身后，再起身相送。如果客人一说告辞，主人立马起身欢送，就会有逐客之嫌，是很不礼貌的。

2. 客人辞别要远送

在小 A 家做客的客人要离开。

嗯！再见！
您继续忙！我告辞了！
旁白：小 A 的冷淡让客人备感受到冷落。

你大老远来一趟，我送送你！
您那么忙，请留步吧！
旁白：小 A 的行为让客人感到受到了尊重。

当客人要离开时，主人应该起身远送，让客人感受到主人对自己的尊重。如果因为实在忙碌或者其他原因不能远送，也要诚恳地说明不能远送的原因并表示抱歉。这是很重要的待客之道。如果客人要走，主人还坐在椅子上不起身，则是非常失礼的行为。

TIPS 小贴士

1. 客人告辞时，主人可以用言语和行为来表达对客人的不舍，真诚挽留客人。
2. 主动远送客人，依依惜别，说一些期待下次见面之类的话语。

第四章 宴席礼：餐桌上的规矩与文化

扫码跟名师学礼仪

主宾座位不乱坐，宾客到来要立迎

根据传统礼仪，主宾的座位一般是安排在场地最重要的位置，通常是主席桌或主宾桌。当贵宾到来时，作为主人或者主办方，应该立即起身并前往迎接。

1. 主宾座位有次序

婚礼上，小A看都没看，直接坐在了新郎的位置上。

我……我没注意看桌牌！
小A，你是想抢婚吗？
贵宾
新郎
新娘
贵宾

婚礼上，小A按照主宾次序找准了自己该坐的位置。

新郎新娘郎才女貌，太养眼了！
是啊！天造地设的一对！
贵宾
新郎
新娘
贵宾

旁白：大家说着祝福的话语，气氛融洽而温馨。

一般宴会上都会有桌牌，就座时一定要看清楚，避免因坐错位置而引起尴尬。

2. 贵宾到来要立迎

一场重要活动中，贵宾已经到来，小 A 作为主办方代表却坐在位子上，没有起立迎接。

小A，你是对
我有意见吗？
没……没……不好意思！
我刚刚有个消息要回！
旁白：小 A 的失礼让贵宾很不满意，破坏了活动的氛围。

一场重要活动中，看到贵宾到来，小 A 作为主办方代表马上起身迎接。

谢谢你的热情接待！我对
这次活动充满期待！
欢迎领导莅临！希望您在这次
活动中能够度过愉快的时光！

宴会上，有贵宾到来，不可一动不动地坐着。这是傲慢、不欢迎贵宾的表现，是对他们的不敬。作为主人应该热情起身恭迎贵宾，以显示出对宾客的欢迎和敬意。

TIPS 小贴士

1. 提前了解宴会座位的次序安排，在写着自己名字的位置或者适合自己的座位上就坐。
2. 贵宾到来时，要立即起身迎接。

不可随意抢中席，同桌客人打招呼

宴席上，我们应该遵循座次安排就座，出于对主人和其他贵宾的尊重和礼貌，不可随意抢占中席。就座后，我们应主动向同桌客人问好。这样可以展示自己友善和亲切的态度，拓展人际关系，结识新朋友，增添宴席的乐趣与意义。

1. 不可随意抢中席

家族聚会上，大家专门给长辈留了中间位置，小A却一屁股坐了上去。

小A坐长辈位置可能是想给咱们发红包呢！
哎呀！自家人哪有那么多讲究？
小A，中间是爷爷奶奶的位置。
旁白：小A不懂礼仪的行为引起了大家的不满。

好！好！好！谢谢孩子们！
爷爷奶奶请上座！这是专门给您二老留的位置。
旁白：小A坐到了适合自己的座位上，享受家宴的欢乐时光。

作为晚辈，入座时要选择适合自己的座位。抢占尊位是长幼尊卑不分的行为，是违背礼仪的。

2. 同桌客人打招呼

婚宴上，同桌客人热情地跟小A打招呼。

嗯！
你好！坐在一桌就是缘分！咱们认识一下吧！

旁白：一顿饭下来没有人再跟小A有任何互动。

好啊！很高兴认识你！我叫小A。
你好！坐在一桌就是缘分！咱们认识一下吧！

旁白：小A展现出友善和亲切的态度，与周围的人融洽相处。

参加宴会入座后，即便发现邻座是陌生人，但由于都是主人请来的客人，出于礼貌，也要主动与其打招呼。如果对方先主动打招呼，则应及时礼貌回应。冷漠相待是对主人和其他客人的不敬，是不符合礼仪的。

TIPS 小贴士

1. 遵从座次安排，把中席留给长者或者尊贵的客人。
2. 宴席上，应该主动与同桌客人打招呼。当同桌客人跟自己说话时，要积极回应。

点菜有讲究，主宾大不同

在宴会上，饭虽然不是重头戏，但点菜却是一门值得推敲的学问，是请客方和被请方都绕不过的话题。掌握点菜的礼仪，可为宴会的顺利进行点亮“开门红”。

1. 做客时，点菜不要自作主张

小 A 请小 B 吃饭。出于礼貌，他请小 B 先点菜。

小B啊，今天你是客人，想吃什么你就点！
嗯……黑金鲍平时可吃不到，多点几份。还有鹅肝、海参……

旁白：小 B 完全不顾小 A 的口味，点了一桌自己想吃的菜，让小 A 很不开心。

小B啊，今天你是客人，想吃什么你就点！
小A，你知道我不挑食呀！你先点吧！点完我再补充几道。

旁白：小 B 在小 A 推荐了几道菜后才点菜，给足了东道主面子，让小 A 很受用。

在接受他人的请客时，我们切忌在点菜时自作主张、独断专行，应尽量展现对主人的尊重和关心，以营造愉快的用餐氛围。应避免因点菜不当而引起尴尬和误会。

2. 请客吃饭时，客人说菜点多了怎么办？

这天，老A带着小B请客户小C吃饭。

菜点得这么多！吃不完就浪费了！
不多不多！吃不了可以打包！不会浪费的！

旁白：小C闻言局促地点了点头。

菜点得这么多！吃不完就浪费了！
C总，亏了谁也不能亏了咱自己人！您好不容易来一次，这饭店我也不熟，不知道哪些菜符合您的口味，有没有忌口，就多点了几道菜，不合适咱们再换。招待不周，请您多多包涵！

旁白：小C随即笑逐颜开，整顿饭吃得热火朝天。

在宴会上，客人为了表达感激和客套，常常会表示“菜点多了”。回应这种话题时，我们可以适当抬高对方，再找个合适的理由解释，比如特色菜等。这样既可以让客人觉得宾至如归，又能展示你的应对能力。

TIPS 小贴士

1. 主人客气邀请我们点菜时，我们应遵循不自作主张的原则，先让了解菜品的主人点，再点自己想吃的。应学会与别人沟通、协作，共同点菜。
2. 灵活应对，多说几句话，展现你的条理，更容易让对方接受。另外，可表明自己的做法，比如打包等。

取用汤菜筷配勺，待客餐具要完好

用餐过程中，尤其是吃汤菜时，应该使用专门的配勺配合筷子来夹菜。这样能避免将汤汁滴在桌面或衣物上，保持整洁。同时，当我们招待客人时，要确保餐具完好无损，即保证刀、叉、匙等餐具的整洁及无瑕疵。

1. 取用汤菜筷配勺

在一家餐厅里，小A和同事一起吃饭。小A夹了一筷子带红色汤汁的菜，把汤滴得到处都是，入口前又滴了自己一身。

你看你弄得到处都是红色汤汁！吃个饭怎么感觉像凶杀案现场一样！
糟糕！这是我刚买的新衣服！
旁白：小A很懊恼，其他同事也没有心情去吃了。

在一家餐厅里，小A和同事一起吃饭。小A在夹带汤汁的菜品前配了个勺子，汤汁滴到了勺子里。

我也试试！菜、汤一起进食，一举两得啊！
菜很好吃！这个汤汁也很好喝呢！
旁白：在小A和同事的就餐过程中，餐桌始终干净整洁，聊天气氛也很愉悦。

如果想夹带汤汁的饭菜，举筷子时一定要用勺子配合，接住滴落的汤汁，避免把汤汁滴得到处都是。

2. 待客餐具要完好

餐桌上一道道美食盛在残缺的盘子里。
小A，你家这盘子是不是祖传的啊？
不……不是啊！
旁白：客人的话让小A有些尴尬。

餐桌上一道道美食盛在精美的盘子里。
小A，你很有品位啊！好菜配好盘，美味翻一番！
嘿嘿！谢谢夸奖！
旁白：客人的话让小A觉得很有面子。

破损的餐具会使美味佳肴变得黯然失色。这不仅是对食物的不尊重，更是对客人的怠慢。所以待客时，一定要用完好、整洁的餐具。

TIPS 小贴士

1. 取用带汤汁的饭菜时，要搭配勺子。
2. 将不同类型的餐具进行分类储存，可以减少破损，便于拿放和挑选。

餐食摆放要周全，客人吃完再放筷

宴席上餐食的摆放是很有讲究的。餐食摆放得美观、合理，不仅能够增强用餐的视觉体验，还能展现主人的品位和用心。此外，作为主人，要等客人吃完再放筷，可体现主人的细心和对客人的关注，确保客人有好的用餐体验。

1. 餐食摆放有讲究

小A请朋友来家里做客，餐食摆放杂乱无章，非常不方便客人取用。

小A，这个酱是搭配哪道菜的？
小A，这个需要蘸白糖吧？帮我把白糖拿过来吧！
小A，帮我把米饭递过来吧！
大家都是自家人，都别客气！够不到就站起来！
旁白：一顿饭吃得大家疲惫不堪。

小A请朋友来家里做客，餐食摆放井然有序，非常方便客人取用。

小A，你的厨艺可真棒！
这一桌菜摆放得很有讲究啊！一看就知道小A花了不少心思。
菜品搭配也很好！
你们满意就好！我还怕照顾不周呢！
旁白：小A的表现获得了客人的一致夸赞。

请客时，如果餐食摆放杂乱无章，会给客人带来不便和困扰；而如果餐食摆放井然有序，不仅方便客人取用，还能展示主人的用心。

2. 等客吃完再放筷

小 A 宴请客人,自己吃饱了就放下了筷子。

我吃饱了!你们慢慢吃吧!
哦……我也吃饱了!
你们吃饭都好快啊!不过……我也差不多了!

旁白:客人看到小 A 放下了筷子,都不好意思继续吃,于是也纷纷放下了筷子。

大家都多吃点啊!
我吃饱了!
我也吃饱了!

旁白:小 A 见客人都吃饱了,这才放下筷子。客人们都吃得很尽兴。

招待客人时,主人不能自己吃完就放下碗筷,一定要等客人吃完并放下筷子后,自己再放筷。否则,有的客人吃得慢,看到主人放筷,自己就不好意思继续吃了。客人没有吃好,是主人照顾不周的表现,也不符合待客之道。

TIPS 小贴士

1. 在摆放餐食时,要注意菜品的搭配和上菜顺序。
2. 在摆放餐具时,要做到整齐有序和美观。
3. 细心观察,留意客人的用餐节奏,劝客人多吃一点。确定客人吃饱吃好后,自己再放筷停食。

第五章 商务应酬礼：你来我往的交际礼仪

扫码跟名师学礼仪

把祝酒辞说到人心里去

在出席宴会时，我们除了要注意基本的行为礼仪，也要注意话术的使用。比如在恰当的时机使用合适的祝酒辞，就可以达到烘托气氛、妙趣横生的效果，进而助你展现自我、收获成功。

1. 想快速破冰，祝酒辞怎么说？

小A参加公司的年终聚餐，想结识公司的B总。

B总您好！我是运营部的小A。很高兴认识您！我敬您一杯酒！我干了，您随意！
你好！很高兴认识你！
旁白：小A的祝酒辞说得平淡无奇，B总对他没留下什么印象。

B总，俗话说，杯中有酒，酒中有情，杯杯都见真感情；三两美酒一下肚，保你潇洒有风度！我是运营部的小A，很高兴认识您！这杯酒我敬您！
哈哈哈！年轻人口才不错嘛！借你吉言，咱们共事愉快！
旁白：B总对小A印象深刻，后来经常将一些重要的外联任务派发给小A。

宴会的重点不在于"宴"，而在于"会"。当你想通过宴会结识一些重要人物时，不妨把祝酒辞说得真诚些。祝酒辞打动人心，自然就能和对方产生心灵共鸣，拉近彼此的距离。

2. 宴会上，向客户敬酒怎么说？

小A和某公司的B总刚刚谈成了一个项目。

非常感谢B总的支持！祝我们合作愉快！这杯酒我先干了！
嗯嗯！合作愉快！

旁白：小A的祝酒辞没什么亮点，宴会在不冷不热的气氛中结束了。

感谢B总的支持！这一杯我单独敬您！俗话说：读万卷书，不如行万里路；行万里路，不如贵人相助。祝B总日出有盼，日落有思，平平安安，所遇皆甜！
哎呀！小A你真是言重了！以后的合作我还得多仰仗你呢！

旁白：小A的祝酒辞说得别出心裁，B总听了很高兴。宴会气氛一片火热，为后续的合作打下了良好基础。

宴会常常被作为谈合作、聊生意的重要场合，每一个细节都关乎宴会的效果。向客户敬酒时，不要只会一句干巴巴的“我干了，您随意”，学着说一些漂亮的祝酒辞，不仅可以活跃饭局气氛，还会促进双方的交流合作。

TIPS 小贴士

1. 使用合适的修辞可使祝酒辞形象生动，易于给人留下深刻印象。
2. 祝酒时可以就地取材进行联想，让祝酒辞更加自然动人。

宴会上，如何回应管理者的要求？

在出席有管理者出席的宴会时，管理者常常会向我们抛出一些略显棘手且无法回避的要求。无论管理者是有意为之，还是无意而为，这些要求都是对我们应变能力的考验。

1. 管理者让把半瓶好酒带回家，你该怎么应对？

小A和公司B总一起参加一个私人聚会。宴会上，B总点了一瓶好酒，吃完后他让小A把剩下的半瓶带回去。

小A，你把这半瓶好酒带回去给你爸喝吧！都是自己人，别嫌弃啊！
好嘞！好嘞！我替我爸谢谢您！
旁白：B总其实想自己带回家，但抹不开面子。见小A高兴地答应了，只好不悦地离开了。

小A，你把这半瓶好酒带回去给你爸喝吧！都是自己人，别嫌弃啊！
感谢B总关怀！不过我爸年纪大了，脾胃不好，喝不了酒。我给您放车上，一会儿您带回去，平时做个菜啥的也能当料酒用。
旁白：B总闻言很高兴，以后谈合作总是带上小A。

在宴会这种严肃的场合，为了维持自身形象，有时管理者表现出来的可能并不是他的真实意图。此时就需要我们根据平时对管理者性格的了解，分析和把握他的言外之意，从而采取相应的措施。

2. 宴会上，管理者让你提一杯，你该怎么自然应对？

部门经理小B带小A去参加宴会。

这是我们公司的小A，是个很有潜力的年轻人。小A，来，给大家提一杯！
那个，欢迎大家赏脸！你们吃好喝好！我这个人不太会说话，先干了！
旁白：小A的话没给大家留下太深刻的印象，饭后没人记得他了。

这是我们公司的小A，是个很有潜力的年轻人。小A，来，给大家提一杯！
感谢B总带我来今天的宴会，让我有幸跟这么多业内精英坐在一起吃饭，光听大家聊天就学到不少！我叫小A，在公司负责运营。希望大家以后多多关照！这杯我敬大家！
旁白：小A的态度深得大家认可。宴会结束后，有好几个人主动来添加小A的联系方式。

宴会上，管理者提出让你站起来敬酒，是信任的体现。你如果有意扩大自己的人脉资源，就要抓住机会。在敬酒时，不要过于谦卑或自负，以不卑不亢的态度展现对他人的尊敬才是万能之解。

TIPS 小贴士

1. 在饭局上应对管理者要求，首先要做到尊重他人、彬彬有礼。
2. 在合适的时机，要积极发表自己的看法，展示自己的能力和价值。

宴会上，如何应对客户的“题外话”？

在交流生意的宴会上，除了要应对客户关于工作的话题，还不可避免地要应对一些客套话或玩笑调侃。通过话术将这些细节处理得无可挑剔，也能体现我们的个人魅力和礼仪修养。

1. 宴会上客户夸你，你该如何应对？

小A代表公司去参加宴会。饭桌上，他和客户小B推杯换盏。

看不出来你酒量挺大的！
哎呀！一般一般！没那么能喝！

旁白：小A的话听起来很谦虚，实际上却没给对方留下继续说的空间，场面因此有些尴尬。

看不出来你酒量挺大的！
您可抬举我了！我平时真不太能喝。这不今天和您在一起吃饭高兴嘛！这一高兴酒量就涨了，所以就多贪了几杯。

旁白：小A借着客户夸自己的时机反过来抬高对方。小B听了很高兴，对小A公司的整体印象好了不少。

在宴会上被人夸奖，很多人都会用“没有没有，哪里哪里”来回应。这其实是一种不合适的应对方式。因为别人夸你厉害，你却说自己不厉害，会被别人误以为否定他的眼光。这种时候，不要让话题停留在自己身上，借机赞美对方才是正解。

2. 如果宴会上客户问你"我跟你们经理相比谁能喝",你该如何回应?

小A跟着经理B总去参加饭局,客户C总问他:"我和你们经理谁能喝?"

这,这,这……
C总,你就别难为他了!来!来!来!咱们再喝一杯!

旁白:小A想:若说B总能喝,客户怕会不高兴;若说客户能喝,岂非贬低了B总?他最后支吾半天,还要让经理替自己解围。

我跟B总参加过几次宴会。他能喝多少,我真不知道。但您啊,是我第一次见到跟他喝到最后的。你们都比我厉害!来,C总,我敬您一杯!
哈哈哈!小A这话说得谦虚了啊!

旁白:小A用一句话捧了两个人。此后B总更乐意带他出席饭局、结识人脉了。

面对客户抛出的、需要在两方之间做出选择的难题,我们一定要谨慎回答,把握好其中的平衡。一旦回答有偏颇,就可能导致其中一方的不满。因此,在这种"三个人"的场合,我们可以选择放低自己的身份,用自己来衬托其他两人。

TIPS 小贴士

1. 对方管理者夸奖你时的对应方式:表达重视+提及我方管理者。
2. 对方同级别的人夸奖你时的对应方式:大方接受夸奖+适当调侃。

第六章 饮酒敬茶礼：别让小细节暴露你的修养

扫码跟名师学礼仪

酒满敬人，敬酒有序

主人将酒杯斟满，能传递出主人的热情好客，表达主人对客人的友好和敬意。同时，在敬酒时，也有一定的顺序，我们要了解并记住。

1. 酒满是敬人

小A家的孩子满月，亲朋好友都来祝贺。

小A，祝贺你！
我先给大家倒半杯酒，喝完再倒，不要浪费！
旁白：最后大家喝得都不是很尽兴。

祝孩子就像这杯酒一样，充满喜悦、美好！
谢谢大家的祝福！我先干为敬，大家随意！
小A，恭喜你升级“奶爸”！
旁白：小A为每一位来宾都斟满酒。大家喝得酣畅淋漓。

在酒席上，我们经常会听到两个字：“满上。”在酒桌上，美酒代表情谊，酒有多满情就有多深。

2. 敬酒有顺序

小A和部门经理一起请客户C总吃饭。经理还没端杯敬酒,小A就先端起酒杯开始敬酒。

C总,这杯酒我敬您!
C总,感谢您对我们的信任和支持!我敬您!
我想先跟你们经理喝一杯!

旁白:小A的举动让大家都很尴尬。

小A和部门经理一起请客户C总吃饭。小A等经理敬完客户,自己才端起酒杯开始敬酒。

C总,这杯酒我敬您!
谢谢您对小A的认可!
小A的工作能力很出色,礼节做得也很到位!

旁白:小A注重礼节,客户和部门经理都对他很满意。

敬酒时,如果宾客有多人,主陪先提一杯酒欢迎大家。然后,主陪再从主宾到副宾依次敬酒,等主陪敬完,副陪再开始按顺序敬酒。

TIPS 小贴士

1. 斟酒时,要给客人倒十分满。
2. 敬酒时,要按照长幼尊卑的顺序进行。

用真诚“填满”你的酒杯

俗话说：“酒满敬人。”但是，由于一些客观原因，现实中常常出现酒倒不满的状况，从而让人产生手足无措的窘迫感。巧妙运用真诚的话语，能帮我们不失礼节地化解尴尬。

1. 酒桌上被人说酒没有倒满怎么办？

小A在饭局上主动为客户B总斟酒，结果B总提醒他酒没有倒满。

年轻人，商务礼仪还得再学习学习啊！
不好意思！不好意思！我这就给您满上！

旁白：因为这个小插曲，在后续谈合作事项时，小A也心不在焉。B总最终没有同意合作。

B总，虽然我这酒没有斟满，但没满没满，幸福美满嘛！今天晚上我敬您一杯顺心酒，祝您家顺人顺万事顺，福来运来平安来！干杯！
哈哈哈！好！干杯！

旁白：B总很是赞赏小A的应变能力，两人聊得热火朝天，很快敲定了合作的主要事项。

被他人指出酒没有倒满时，如果只会一味地道歉，很可能会使酒桌上的气氛更加拘束。先冷静下来，试着利用一些“谐音梗”将话题转移到祝福祝愿上来，就可达到扭转乾坤的目的。

2. 给人倒酒时瓶中只剩半杯之量怎么办？

部门团建，小A主动为大家倒酒，结果到B总时瓶中酒只够倒半杯的了。

不好意思B总！我再去给您开一瓶！
哎呀！真是不巧，酒到我这没了！这可不是什么好兆头啊！
旁白：饭桌上的氛围顿时有些尴尬。

B总，您这话说错了！这是福根酒！我再给您开一瓶，这叫好彩头！上一瓶的福根和下一瓶的好彩头都到您这了。我祝您呀，有头有尾，顺风顺水！
哎呀！真是不巧，酒到我这没了！这可不是什么好兆头啊！
旁白：B总对小A的话很满意，又给大家点了很多硬菜。

倒酒时瓶中只剩半杯的量时，想不生硬地开新酒，可以在说话上下点功夫。适当地化用一些“吉祥话”，就能改善饭桌上的氛围，帮你轻松翻过此篇，甚至有意料之外的收获。

TIPS 小贴士

1. 在处理一些宴会上的尴尬状况时，要表现出诚实、尊重和关爱的态度。
2. 在酒桌上要注意细节，时刻关注他人的需求，以确保酒桌气氛和谐愉快。

敬人酒须到面前，尊长举杯速恭立

在正式场合向特定的人敬酒时，我们应该端着酒杯走到对方面前，以此显示出我们对对方的尊重。当我们向尊长敬酒时，应该以恭敬的态度站立，展示我们的谦逊和礼貌。

1. 敬人酒须到面前

小A和部门同事一起陪经理吃饭，因为性格腼腆，敬酒时他不敢上前。

经理，这杯酒我敬您！
你说什么？

旁白：小A的失礼让气氛变得尴尬，给经理留下了不好的印象。

小A和部门同事一起陪公司经理吃饭，轮到小A敬酒时，他大大方方地走到经理面前。

谢谢你们的辛苦付出！
经理，这杯酒我敬您！感谢您对我们团队的指导和支持！

旁白：小A的行为做得很到位，充分展现出对经理的尊敬。

向管理者或者长辈敬酒时，一定要起身走到对方面前说祝酒辞并敬酒。隔着人或桌子敬酒是不尊重、不真诚的行为，会给人留下不好的印象。

2. 尊长举杯速恭立

公司年会上，经理为了表达对小 A 的赞赏，亲自来给他敬酒。小 A 歪坐在座位上没有起身。

小A，你是不准备接受我的敬酒吗？

旁白：小 A 被同事从椅子上拽了起来，气氛顿时变得尴尬。

经理您过奖了！都是我应该做的！
小A，你在工作中表现出色，给公司做出了不小的贡献啊！

旁白：小 A 恭立的姿态和真诚的回答让经理感受到被尊重，彼此建立了良好的互动。

尊长向自己敬酒时，坐着不动或者单手随意碰杯都是失礼的表现。看到其过来敬酒，要赶快起立，快步走到尊长面前碰杯，敬完酒后对方说入座的时候再回到自己的席位上。

TIPS 小贴士

1. 向谁敬酒，就端着酒走到谁面前。
2. 尊长来敬酒的时候，我们要立即起身，恭敬站立。

开席三杯酒助兴，驾车滴酒不能沾

在宴会上，通常会有开席三杯酒的礼节，代表着欢迎和庆祝。然而，我们必须时刻铭记，当需要驾车时，绝对不能喝酒。

1. 开席三杯酒

婚宴上，小 A 作为新郎官，却不敬酒。宾客们见了，只象征性地送上自己的祝福。

大家吃好喝好！
祝福你们幸福美满！
早生贵子！
白头偕老！
旁白：婚宴气氛很是冷淡。

非常感谢大家在百忙之中抽出宝贵时间来参加我的婚礼！我先敬大家三杯酒！
今天是你们大喜的日子，我们一同举杯，祝福你们幸福美满！
祝你们早生贵子，白头偕老！
旁白：大家举杯共庆，欢声笑语不断。

开席三杯酒，不仅仅是酒桌上约定俗成的习惯，还有渲染气氛的作用。一般情况下，三杯酒尽量喝完。三杯之后，可以根据自己的酒量自行决定喝多少。

2. 开车不喝酒

小A开车来参加聚会。
小A，你已经喝得够多了，叫代驾吧！
没关系！我酒量大，喝这点不影响开车！
旁白：朋友无奈，只能给小A的妻子打电话，让她来接他。自此，再也没有朋友约小A出来喝酒了。
喝点吧！不喝酒多没意思！
不行！我开车来的。
旁白：小A严守交通规则，绝不酒后驾驶。

如果要开车，我们必须时刻牢记“开车不饮酒，饮酒不开车”的原则。酒驾不仅是道德问题，更是违法行为，是对自己和他人的生命安全极度不负责任的表现。同时，作为朋友，我们也应该做到“开车不劝酒”，或者在别人饮酒后积极帮忙叫代驾，这是对他人生命的敬重和关心。只有遵守交通规则，才能确保我们自己和他人的生命安全。

TIPS 小贴士

1. 开席时，主、宾同举三杯酒。
2. 提前做好交通安排，如需饮酒就不要开车，或者提前安排代驾。

茶满欺人，新茶待客

在茶道中，斟茶时的水位是有讲究的。通常情况下，斟茶要斟七分满，留下一定的空间。这样可以确保茶香充分散发，同时也避免客人端茶时将茶水洒出来。

1. 茶满是欺人

小A请客户到茶馆喝茶。他以为斟茶也和斟酒一样，斟满才显得热情。于是给客人倒了满满一杯热茶。

啊！烫死我了！
对不起啊！我不知道这个茶水这么烫！

旁白：客户的手被烫伤，茶杯掉落后也碎了一地。一杯斟满的茶水破坏了优雅、清静的氛围。

谢谢！这茶真不错！
茶有点烫，请您小心品尝！

旁白：小A请客户到茶馆喝茶。他懂得饮茶礼仪，给客户倒了一杯七分满的茶。

民间礼俗有“酒满敬人，茶满欺人”的说法。这是因为酒是热情张扬的，斟满是表达主人的热情；而茶是淡雅婉约的，要留三分人情在。而且茶是热的、烫的，如果用满杯热茶敬人，容易洒到客人身上，甚至烫伤客人，破坏聚会的气氛。

2. 新茶待新客

办公室内，小A和一位客人正在喝茶聊天。这时，又新来了一位客人。小A没有重新沏茶，而是用泡过的茶水继续招待新客人。

快请坐！
这茶没味儿啊！我还是喝点别的吧！
旁白：小A这才意识到不妥，应该给客人重新沏茶。

旁白：办公室内，小A和一位客人喝茶聊天。这时，又新来了一位客人。小A赶紧起身迎接，并重新沏茶，招待新客人。
我给您重新泡了一壶。你品尝一下这茶怎么样。
这茶不错！味道很清香！

在跟客人聊天时，如果又新来了客人，这时不仅要起身表示欢迎，还要立即给客人沏新茶。因为茶叶在经过几次冲泡后，茶汤的味道和口感会大打折扣，而且直接使用已冲泡过的茶水招待新客人，也是对新客人的怠慢。此外，新茶泡好后，要先给新客人敬茶。

TIPS 小贴士

1. 给客人斟茶的时候注意水位，倒七分留三分。
2. 沏茶前询问客人的喜好。
3. 为了确保茶叶的品质和口感，要给新到的客人重新沏茶。
4. 客人空杯后，主人要及时续茶。

接茶、泡茶的“手上功夫”

在职场中,“茶水”是待客的常用道具。其中,泡茶和接茶是尤其要注意礼节周全的两个环节。了解并掌握与茶相关的礼仪,可以帮助我们提高自己的魅力,优化他人对我们的印象。

1. 接茶时使用叩手礼

一天,小A跟着上司出去拜访客户小C。开始谈话之前,小C给小A倒茶。

来,喝茶!
谢谢!

旁白:小A不知道喝茶的礼仪,客户虽然没说什么,但并没有太重视他。

来,喝茶!
家里长辈跟我说过,接茶时两只手指要并拢,并叩击台面三下。

旁白:小A深谙叩手礼,让小C十分惊喜。两人聊了很多。

接客户递来的茶时,叩手礼是一个重要的礼仪。它既能体现出我们对客户的尊重和敬意,也能让客户对我们刮目相看。在进行叩手礼时,我们要注意动作的规范和礼节的周全,以展现我们的素养和良好态度。

2. 忌用手取茶

公司茶水间内，小 A 直接用手抓取茶叶。

小A，你用手抓茶被经理发现会扣工资的！我们应该使用茶夹来取茶，这样更卫生。
没事！不干不净，吃了没病！
旁白：同事对小A的印象很不好。

公司茶水间内，小 A 使用专用茶夹从罐中取出茶叶，动作规范有序。

小A，你的操作真是规范啊！连取茶都这么优雅。
谢谢夸奖！泡茶本身就是一件精致、优雅的事情！

茶道讲究的是清洁、恭敬、优雅。在泡茶时，如果用手直接抓取，可能会对茶叶造成污染。从待客角度来讲，这个举动太过随意，是不恭敬的行为。喝茶本是一件很优雅的事情，这样做会让品茶这项充满意境的活动失去韵味。切记，用专用的茶夹或茶匙取茶，是基本的礼仪。

TIPS 小贴士

1. 进行叩手礼时，力度要适中，既能让对方感受到诚意，又不至于显得粗鲁。
2. 使用专门的茶夹或茶匙取茶。

泡茶有讲究，茶要慢慢品

泡茶是一门艺术，需要注意时间、温度和泡茶次数。掌握泡茶的技巧和规则，能够更好地激发茶叶的香气，保证口感。品茶时，我们应该小口慢慢品尝，感受茶水弥漫在口中的味道和香气，体验茶的层次变化。

1. 泡茶有讲究

父亲节，小A给爸爸买了上好的龙井茶。

这水才50度，茶叶能泡开吗？可惜了这么好的茶叶！
我……我也不知道该怎么泡啊！
旁白：小A原本想让爸爸开心的，结果却惹得爸爸不高兴。

这茶真不错！你真是爸爸的贴心小棉袄！
爸爸，这是我给您买的龙井茶。我特意学的泡茶技术，您尝尝怎么样？
旁白：小A的泡茶手法非常讲究，让爸爸感受到了小A的用心。

不同的茶叶冲泡所需的水温不同，只有选用合适温度的水泡茶，茶的香味才能散发出来，茶香才更加醇厚。用不合适温度的水给人泡茶，不但会影响茶水的味道，也是一种失礼的行为。

2. 茶要慢慢品

朋友请小 A 喝茶。小 A 一口闷，不仅没品出味道，还把自己烫了一下。

哇！太烫了！我……我喝得太快了，没喝出味来！
这是我花大价钱新买的茶。味道怎么样？

朋友请小 A 喝茶。小 A 慢慢品尝。

嗯！真不错！喝完唇齿留香！
这是我花大价钱新买的茶。味道怎么样？

旁白：小 A 用心地品茶，让朋友很开心。茶香在口中回荡，彼此的交流也更显温馨、和谐。

泡茶或者煮茶一般都是用沸水，因此刚刚泡出来的茶汤温度太高，容易烫嘴。另外，好茶需要品，慢慢啜饮才能细细品味出其中的香气和滋味。喝茶切不可“一口闷”——这样既不优雅，也不符合礼仪。

TIPS 小贴士

1. 优质水是冲出好茶的重要因素之一，选择优质的水可以提升茶叶的香气和口感。
2. 注意水温，不同的茶叶需要不同的水温和冲泡时间。
3. 选择合适的泡茶器具。
4. 小口慢慢细品，感受悠悠茶香。

第七章 探病礼：做个贴心的探望者

扫码跟名师学礼仪

探病前要问清情况

探病前，我们可以向病人的家属或医护人员询问病人目前的身体状况，例如病情的轻重、病因、治疗方式等，这有助于避免不适当的话题或行为。

1. 事先了解病人的病情和需求

小 A 的朋友生病了。他没有了解清楚朋友的病情就前去看望。

医生让我少吃高蛋白的食物！
我给你买了些高蛋白的营养品，好好补补！

旁白：小 A 感到非常抱歉，很懊悔自己没有提前了解清楚情况。

你太细心了！这些都是我需要的！
听说你这种情况需要补充维生素，我给你带了些维生素高的补品。

旁白：小 A 的细心让朋友感到很温暖。

探望病人的目的和意义在于给病人送去合适的问候和帮助。如果我们不事先了解清楚病人的病情和禁忌，就无法给病人提供合适的关怀和支持，反而可能会给病人和家属带来负担。

2. 得到病人允许后再去探望

小 A 得知朋友小 B 生病后想去探望，被拒绝后依然坚持要去。

我来看看小B！
他身体现在不方便，
你先回去吧！

旁白：小 A 这才意识到了自己的行为有些失礼，赶紧表达了歉意。

小 A 得到了病人的允许，才去医院探望。

我带了花来看你，
希望你早日康复！
谢谢你！很开心
你能来探望我！

当我们提出去探望病人的时候，病人和家属可能会以各种理由拒绝。这时我们应该尊重病人和家属的意愿。因为未经允许的探望可能侵犯病人隐私，打扰对方休息和治疗，是不受欢迎的。

TIPS 小贴士

1. 在探望病人之前，尽力了解病人的病情和需求。
2. 探病要尊重病人及其家属的意愿。
3. 根据病人的病情准备礼物，提供帮助。
4. 遵守医院规定和探病规则。

探病不宜结伴同行

探病时要避免结伴同行，一方面可以避免给病人带来额外的压力和不适，另一方面也能更好地保护病人的个人隐私。因此，探病时，我们应该尽量独自前往。

1. 看望病人不要扰乱医院秩序

小 A 与同事结伴到医院看望小 B。护士提醒他们，探视者太多会增加病人感染的风险。

你们来这么多人，会给病人增加感染风险！
谢谢提醒！我们派代表进去！
咱们还是分开去吧！人多不利于病人休息，还会增加病人感染的风险。
咱们明天一起去医院看看小B吧！

多人一起去探望病人容易扰乱医院的秩序，给病人和家属、其他的患者及医护人员带来麻烦，不但会影响病人的休息和康复，同时也会给自己和别人增加感染风险。因此，我们应该遵守医院的规定，尽量减少同行人数，或者分散安排探望病人的时间。

2. 不要影响病人休息

小 A 去医院探望一位亲戚，因为说话声音过大，被隔壁床的病人投诉了。

无关人员请离开！
抱歉！我这就走！

小 A 去医院探望一位亲戚。他尽量减少声响，以免影响病人休息。

您要是累就休息休息！
我陪您待一会儿！
小A，谢谢你来看我！

医院是病人治疗和休养的地方，病人需要一个安静的环境。因此，在探望病人时要保持行为举止恰当，尽量不干扰病人休息。这样不仅能帮助病人更好地康复，也体现了我们对病人的关心。

TIPS 小贴士

1. 独自探望病人更有利于与病人联络感情。
2. 探病时结伴同行可能会侵犯病人的隐私权，使病人感到不舒服。
3. 一同探望病人的人员过多可能会给病人带来交叉感染的风险。
4. 可以根据病人的实际情况和医院探望病人的规定来调整探病人员的数量。

探病时切忌详问病情

探望病人时，我们应当避免过分详细地询问病情。我们可以用温暖的话语和关切的态度来表达对病人的关心，但不要深入讨论病情的细节。这样做有助于保护病人的隐私和尊严，同时也不会给对方增加额外的压力或焦虑。

1. 保护病人的隐私和尊严

小 B 的父亲生病了，小 A 前去医院探望。

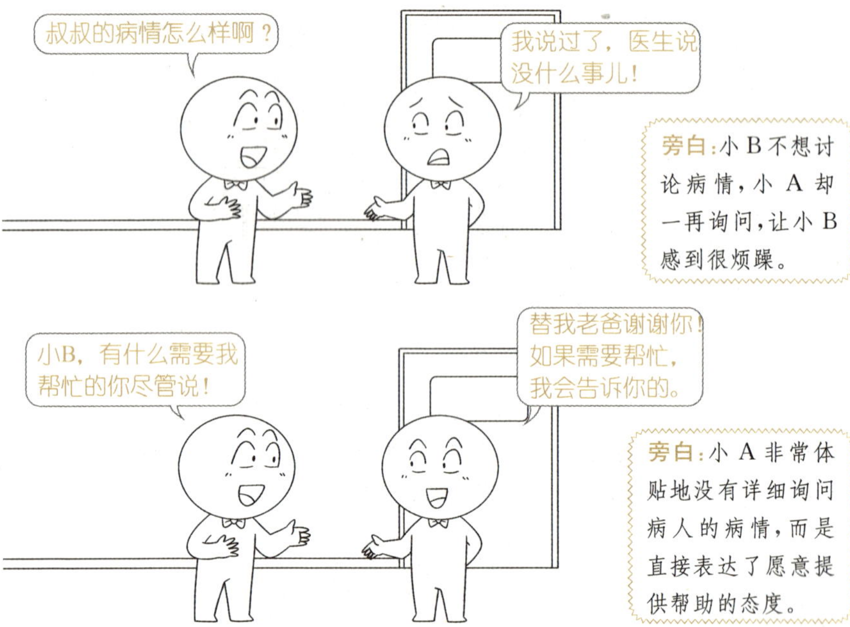
叔叔的病情怎么样啊？
我说过了，医生说没什么事儿！
旁白：小 B 不想讨论病情，小 A 却一再询问，让小 B 感到很烦躁。
小B，有什么需要我帮忙的你尽管说！
替我老爸谢谢你！如果需要帮忙，我会告诉你的。
旁白：小 A 非常体贴地没有详细询问病人的病情，而是直接表达了愿意提供帮助的态度。

探病时，关心和支持比过分追问病情更重要。病情涉及病人的隐私和尊严，病人也许不方便说，不宜过分追问。

2. 避免给病人增加心理负担和焦虑

小A去医院探望病人。
唉！这可怎么办啊？怎么生这么严重的病啊？
都是命吧！
旁白：病人听了小A的话更加焦虑了。
你也不用太担心。现在医疗技术很发达，你这点病不算什么。保持好心情！
谢谢你的鼓励！我会保持好心态，努力战胜病魔！
旁白：小A以平稳而温暖的语气安慰病人，传递出信心和希望。

生病的人心理会比较脆弱、敏感、消极，饱含忧虑情绪的话语只会让病人感到更加焦虑和沮丧。因此，我们应该以平稳的情绪和温暖的语气安慰病人，传递给对方信心和希望，帮助他们用积极的心态对抗病魔。

TIPS 小贴士

1. 病情涉及病人隐私，不要过分追问。
2. 可以询问病人具体需要什么帮助。
3. 如果病人主动分享病情或情绪上的困扰，我们要认真倾听并提供帮助。
4. 探访病人时要注意自己的情绪和语言，不要给病人增加心理负担。

探病时宜说轻松话题

探望病人时，可以聊一些轻松愉快的话题，营造一个愉快的氛围，为病人带来欢笑，让他们得到放松。这些话题，包括有趣的故事、儿时的趣闻、喜欢的电影或音乐等。轻松的话题可以帮助病人转移注意力，暂时摆脱疾病的困扰，并给予他们积极的情绪支持。

1. 不要跟病人聊与疾病相关的话题

小 A 去医院探望同事小 B。

我看网上有的人说这个病好治，有的人说不好治。唉……
听天由命吧！不说这个了！

旁白：小 A 的话增加了小 B 的心理负担，导致小 B 情绪更加低落。

最近公司旁边商场里新开了几家不错的餐厅，等你出院了咱们一起去尝尝它们的菜品。
好啊！那我得赶紧好起来！

旁白：小 A 的话给了小 B 积极的目标和动力，让小 B 更有信心面对疾病。

谈论跟疾病相关的话题，会让病人焦虑，产生压力和消极情绪，对治疗产生负面影响。因此，我们应该侧重为病人提供情感支持，多说一些鼓励的话或能够转移注意力的轻松话题，让病人的心态保持乐观向上。

2. 见到病人收好情绪

小 A 去医院探望好友小 B，一见到他眼睛就红了。

你哭什么？我的病是不是已经没治了？

旁白：小 A 一哭，让病人以为自己病情很严重，以为家人隐瞒了实情。

旁白：小 A 见到平日活蹦乱跳的好友现在面色苍白，有些想哭。但他控制住了情绪，和朋友聊了近况。

没事！这点小病还打不倒我！
我来看你了。你最近感觉怎么样？

我们在探病时切记控制好情绪，不要在病人面前哭泣。因为这会让病人误认为自己的病情十分严重或无法治愈，从而让他们感到焦虑和恐惧。我们应该传递给病人积极正面的情感支持，帮助病人保持乐观的心态，积极地配合治疗。

TIPS 小贴士

1. 寻找轻松、积极的话题来转移病人的注意力。
2. 倾听病人的感受和需求，并表达关心。
3. 在病人面前，尽量控制自己的情绪，保持平静。
4. 用温暖的语言传递力量，鼓励他们积极治疗。

探病时间别过长

在探访病人时，应避免长时间逗留，以减少对病人和同病房人的打扰，给其充分的休息时间。

1. 探望病人不要超过十分钟

小A去医院看望刚做完手术的小B，坐了半个小时了，还没有要走的意思。小B累得伤口都疼了，又不好意思赶小A走。

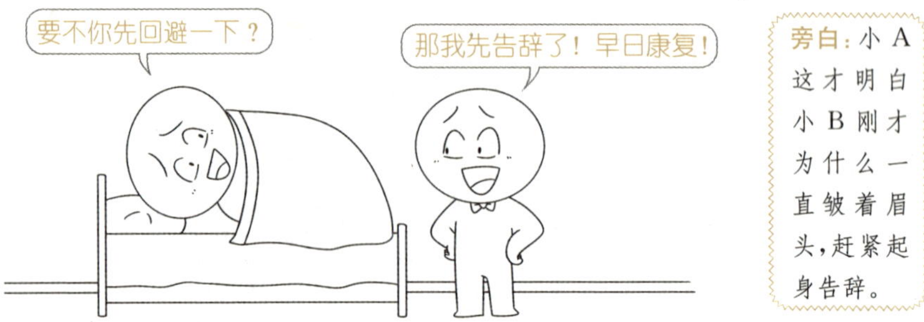
要不你先回避一下？
那我先告辞了！早日康复！
旁白：小A这才明白小B刚才为什么一直皱着眉头，赶紧起身告辞。

做完手术确实感到没精神。
你刚做完手术需要静养，我就不打扰你休息了！
旁白：小B感受到了小A的关怀和体贴，对小A的理解表示感谢。

看望病人时，如果在病房里停留时间太长，会影响病人休息和治疗。病人也会因为你的长时间停留而变得不方便。

2. 要适时告辞

小 A 正在陪刚做完手术的小 B 聊天，小 B 的主治医生来检查小 B 的身体状况，小 A 站在旁边看着，小 B 觉得有些尴尬。

你出去吧！给哥们儿留点尊严！

小 A 正在陪刚做完手术的小 B 聊天，小 B 的主治医生来检查小 B 的身体状况，小 A 赶紧起身告辞。

好！等我出院咱们再聚！
医生来了，我就先告辞了！

旁白：小 A 意识到医生要给小 B 做身体检查，便迅速起身告辞。

在探望病人期间，当病人需要休息、接受检查或进行其他治疗时，我们应该适时主动离开，避免给病人带来不必要的困扰。

TIPS 小贴士

1. 安排适当的时间探访。
2. 探望病人时不要逗留太久。
3. 密切观察病人的身体反应和疲劳程度。
4. 适时起身告别。

小结 三分钟，让你了解社会交往礼

1. 选择一个简单、友好的问候语来开启对话。
2. 握手时主动伸出手并使用适当的力度。
3. 仔细观察并了解对方的兴趣爱好是选择合适礼物的关键。
4. 去别人家做客时，不要将自己的东西乱放或弄脏他人的物品。
5. 遵从座位安排，把中席留给长者或者尊贵的客人。
6. 斟酒时，要给客人倒十分满。
7. 给客人斟茶的时候注意水位，倒七分留三分。
8. 探访病人时要注意自己的情绪和语言，不要给病人增加心理负担。

扫码跟名师学礼仪

03 第三篇

扫码跟名师学礼仪

传统礼仪

孔子曾说："不知礼，无以立也。"在中国古代社会，礼仪制度严谨，各种仪式规范繁多。无论是在哪个时代，人们都需要遵循特定的礼仪规范以完成各项事务，学习传统礼仪，可帮助我们深入了解传统文化的内涵。

第一章 成年前的俗礼

扫码跟名师学礼仪

孩子诞生要报喜，满月之际办酒席

孩子出生后需要报喜和办满月酒。这个习俗体现了人们对新生命的珍视与祝福，同时也是一种促成家庭团聚的方式。

1. 孩子诞生要报喜

小A的孩子出生了，没有跟大家报喜。

你有了孩子，我们都等着你报喜呢！
小A，我听说你媳妇生了。你怎么也不跟姨妈说一声啊？
不好意思，姨妈！忘了跟您说了！
旁白：大家纷纷责怪小A不懂礼数。

孩子出生，小A兴奋地打电话向亲朋好友报喜。

太好了！真是个好消息！恭喜你，小A！
跟您报个喜，我当爸爸了，母子平安！
旁白：小A及时分享了喜悦，传递了幸福。

宝宝出生后，我们应该及时向亲朋好友报喜，与他们共同分享这份喜悦，促进彼此的交流和往来。

2. 满月之际办酒席

同事都知道小A升级当“奶爸”了，但小A不打算办满月酒。

小A，恭喜你晋级“奶爸”！我们可都等着喝满月酒呢！
办满月酒太麻烦了！我不打算办了！

小A升级当“奶爸”，给孩子办了一场隆重的满月酒。

孩子真可爱！祝宝贝健康快乐地成长！
真是替你们高兴！
感谢大家来喝我女儿的满月酒！非常开心能与你们分享这个喜悦的时刻！

喝满月酒是我们的传统礼仪。孩子满月后，通常会邀请亲朋好友参加满月仪式，喝满月酒。尽管办满月酒席需要一定的准备，但它能够让亲友共同分享这份喜悦和欢乐，并获得大家的祝福。因此，办满月酒是一项非常有意义的活动。

TIPS 小贴士

1. 孩子出生后，要尽快将这个好消息告知亲朋好友。
2. 提前确定一个合适的日期、场地安排满月仪式。
3. 提前通知亲朋好友参加满月仪式。
4. 提前准备满月仪式所需的物品和食品。

百日送礼有讲究，百日宴上不乱言

百日宴是庆祝孩子出生满百天的重要活动，与之有关的送礼也非常讲究。人们常常选择寓意吉祥和幸福的礼物来表达他们对孩子和家庭的祝福。此外，在百日宴上，宾客通常要说些吉祥话，以表达自己对孩子的美好祝愿。

1. 百日宴送礼有讲究

小B给孩子过百日宴，邀请小A参加。小A给孩子买了一套玩具，看到孩子才发现，孩子年龄太小还玩不了这套玩具。

孩子好像还玩不了！
没关系！等他过两年再玩吧！

旁白：小A的礼物不适合婴儿，他十分后悔。

小B给孩子过百日宴，邀请小A参加。小A精心准备了一份符合孩子月龄的礼物。

祝宝贝健康快乐地成长！
我替宝贝谢谢你的祝福！

旁白：小A的精心准备让小B和他的家人感到无比温暖。

在挑选百日宴礼物时，要考虑孩子的月龄、性别等特征，还要考虑礼物的寓意和实用性。通过选择符合孩子特征的、有寓意及实用性的礼物，我们能表达对孩子真诚的祝福，并为其家庭带来喜悦和幸福。

2. 百日宴上说话要得体

小A去参加小B孩子的百日宴。

怎么感觉宝贝跟你们两口子谁都不像啊？
旁白：小A的一句话让在场的人都愣住了。

小A去参加小B孩子的百日宴。他明白这个场合很重要，不能乱说话。

宝贝太会长了，集齐了你们俩的优点。
谢谢夸奖！
旁白：小A在百日宴上恰如其分地称赞了孩子，让小B觉得很暖心。

宴会是一个庆祝的场合，不恰当的话可能会对大家的心情造成负面影响，违背了送祝福和祝愿的初衷。因此，在百日宴上，我们应当说些吉祥话，营造喜庆、欢乐的氛围。

TIPS 小贴士

1. 选择具有吉祥寓意的礼物。
2. 根据孩子和家庭的实际需求和偏好选择礼物。
3. 提前了解并尊重当地的百日宴传统习俗。
4. 百日宴上，为孩子和家庭送上真挚的祝福。

男子成人行冠礼，女子成人行及笄

成人礼是一个特殊的仪式，标志着一个人从青少年进入成年阶段。在我国传统文化中，男子的成人仪式是行“冠礼”，女子是行“笄礼”。而在现代社会中，共青团发起的“18岁成人仪式教育”仪式或为主流仪式。

1. 古代成人礼

小A的女儿年满十五周岁，小A为她举办了隆重的笄礼仪式。

从今天起你就是大姑娘了。母亲为你感到高兴！
谢谢母亲大人！

小A的儿子年满二十周岁，她选择吉日为儿子举办了一场隆重的冠礼仪式。

儿子啊，你如今已经长大成人了。要做一个顶天立地的男子汉！
儿子拜谢母亲大人！

在我国古代，笄礼，一般在女子订婚之后举行。如果到了该嫁人的年龄，女子仍然没有订婚，通常家里也会给她举办笄礼。而男子成年则要举行加冠仪式，意味着将要在家庭和社会中承担更多责任。

2. 现代成人礼

爸爸妈妈为小 A 办了一场 18 岁生日宴。

18
儿子，祝你18岁生日快乐！从今天起你就是个男子汉啦！
谢谢爸爸妈妈！你们辛苦啦！

同学们在学校一起庄严宣誓，一同庆祝这个具有深意的时刻。

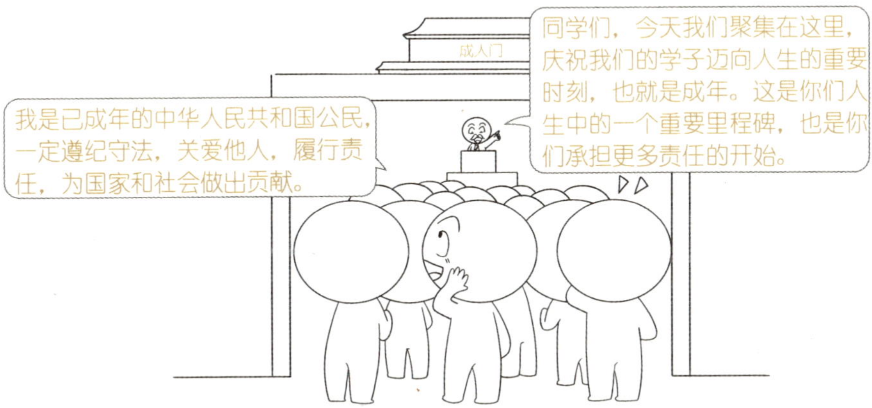
成人门
同学们，今天我们聚集在这里，庆祝我们的学子迈向人生的重要时刻，也就是成年。这是你们人生中的一个重要里程碑，也是你们承担更多责任的开始。
我是已成年的中华人民共和国公民，一定遵纪守法，关爱他人，履行责任，为国家和社会做出贡献。

随着时代的变迁，成人礼的形式有了很大变化，但它的意义始终没变。成人礼是一个人迈向成熟的里程碑。它提醒人们要对自己的言行负责、要努力追求个人成长，为社会发展做出积极的贡献。

TIPS 小贴士

1. 根据不同的文化传统和个人意愿，选择合适的仪式。
2. 明白成人礼的意义，不要只注重形式。

第二章 婚姻礼

扫码跟名师学礼仪

婚姻六礼之纳采、问名

纳采在中国古代社会是指男方请媒人前往女方家，正式向女方家长提亲。问名是指男方媒人询问女方的姓名八字等，以确认双方婚约。

1. 纳采——男方提亲

小A到了谈婚论嫁的年龄，男方请了媒人来提亲。

我是代表小B家来提亲的，听说您家女儿才貌双全、非常优秀！
谢谢夸奖！我们也希望她能找到一个与她相互欣赏、相互尊重的伴侣！

一个浪漫的时刻，小A单膝跪地，手捧着鲜花，向他心爱的女友求婚。

亲爱的，你愿意嫁给我吗？我愿意用一生的时间来爱护和守护你，与你共度余生！
当然愿意！我愿意嫁给你，和你一起走完这一生！

无论在古代还是现代，提亲都是婚姻六礼中的第一步，也是很重要的一个环节，我们必须重视并提前做好规划，选择一个适当的时间。

2. 问名——询问女方姓名等信息

媒人问小 A 的姓名等信息。

请告诉我生辰八字，
我们回去占卜。

旁白：女方家详细告之，媒人回男方家复命。

小 A 和小 B 准备结婚，小 A 的妈妈询问他们的结婚日期。

儿子，你和小B准备哪天举行婚礼？
下个月15号吧！晴天，天气暖和，是个好日子！

旁白：小 A 认真研究天气，和女友一起确定了日期。

在古代，问名是婚姻六礼中的第二个环节。女方家若告知男方家自家女儿的姓名和出生日期，则代表同意了这门婚事。男方把占卜结果再告诉女方，他们的婚事才能进行到下一环节。

TIPS 小贴士

1. 在提亲过程中，表达诚意和尊重非常重要。
2. 除了表达自己的婚姻意愿，也要认真倾听女方家庭的想法和考虑。

婚姻六礼之纳吉、纳征

纳吉，是男方问名、合八字（古代封建迷信习俗）后，将卜婚的吉兆通知女方，并送礼表示订婚的礼仪。纳征，即男方向女方送聘礼。纳征的完成标志着订婚阶段的结束，是中国古代婚姻成立的主要标志之一。

1. 纳吉——告知吉日

小A把儿子和女方的生辰八字拿给卦师，卦师根据男女双方的信息进行占卜，得到的消息是吉（古代封建迷信习俗，现已废除）。

天作之合啊！快去通报未来亲家！
太好了，我这就去报喜！
吉

纳吉之后婚约就正式确定了。

在我国古代，纳吉是婚姻六礼中的第三个环节，在男方得到女方姓名及生辰八字之后，就请人根据相关信息进行占卜、预测吉凶。如果得到的消息是吉，会立即告知女方。行过纳吉礼后，婚约就算确定了。

注：问生辰八字、合八字、问卦等是古代封建迷信习俗，现代社会已废除。

2. 纳征——致送聘礼

小A和小B要结婚了，小A父母准备了丰厚的聘礼送到小B家。

这门亲事算是定下了，这是男方父母的心意。
旁白：这份聘礼也象征着两个家庭的关系更近一步。

在庄重而喜庆的订婚仪式上，小A和小B身穿华丽的订婚服装站在一起。他们脸上洋溢着幸福的笑容，眼神中透露着对未来美好生活的憧憬。

亲爱的，今天是我们的订婚日。从此我们将走进新的人生阶段！
是的，我们经历了那么多，终于迈向了更进一步的承诺！
旁白：小A和小B相互交换订婚戒指，象征着彼此不变的爱和责任。

纳征时，男方家派人去女方家送聘礼，以正式确定双方的婚姻关系。聘礼的多少需要男女双方相互协商，根据两家的经济情况来定。

TIPS 小贴士

1. 婚礼细节应坦诚告知对方。
2. 聘礼多少，应经双方友好协商决定。

婚姻六礼之请期、迎亲

古时请期，即由男方家择定结婚佳期，用红笺书写男女生庚（请期礼书），由媒人携往女家，和女方家父母商量迎亲的日期。迎亲，通常是由新郎亲自到女方家迎娶新娘。但在山西忻州、吕梁的一些地方，也有媒人或小叔子带领迎亲队伍前往迎娶新娘而新郎在家坐候的。

1. 请期——选择良时

小A父母确定了黄道吉日，去跟女方家人商量。

这个日子确实不错，就定这一天吧。
这个日子举办婚礼不错，想听听你们的想法。

旁白：确定好日期，双方开始准备婚礼。

小A妈妈给小A及其女友小B定了个结婚日期，想征求小B家的意见。

好的！确定好了我告诉您！
小A，妈妈给你们选了结婚的日子。你先问问小B家在这个日子举办婚礼是否可以。

旁白：男女双方协商婚礼日期，以示尊重。

男女双方订婚一段时间后，男方会选一个适合举行婚礼的日期。吉日确定后，男方要向女方请求婚期，这个仪式称为“请期”。请期是婚姻六礼中的第五个环节，即确定结婚的日期。

2. 迎亲

迎亲这一天，父亲郑重地将儿子叫到面前。

儿子绝不敢忘父亲的训诫。
孩子，现在由你代表我们家族去迎娶新娘。请喝下这杯酒！
旁白：小 A 饮完酒和随从人员一起出发，前往新娘小 B 家。

小 A 来迎娶新娘小 B，新娘的闺蜜们堵着门不让进。

你是谁啊？
媳妇，开门！我来接你了！
此山是我开，此树是我栽。要想过此路，留下买路财！否则，别想接走新媳妇！
旁白：现场气氛喜庆又热闹。

迎亲是婚姻六礼中的第六个环节，也是婚礼中最核心、最隆重的仪式。无论古今，迎亲仪式都是婚礼中的重头戏。

TIPS 小贴士

1. 婚期由双方友好协商确定。
2. 迎亲仪式需要进行细致周密的安排，提前做好接待人员、迎亲车辆、礼仪道具、接待地点等方面的安排。

婚礼延续之交拜、共牢而食

交拜是婚礼中新郎新娘对拜的仪式，俗称"拜堂"。共牢而食，即新郎新娘共食一牲（祭祀肉食）的礼仪，是古代婚典中的主要仪式之一。

1. 交拜——拜堂成亲

小A和小B正在拜堂。

一拜天地；二拜高堂；夫妻对拜；送入洞房。
囍

小A和小B正在举行婚礼。

你愿意与对方结为夫妻，爱他（她）、忠诚于他（她），无论他（她）贫穷还是富有、患病还是健康，都相爱相敬、相伴一生吗？
我愿意！
我愿意！

在古代，新郎等待新娘下轿后，有一个特别的仪式——夫妻交拜礼，也叫"拜天地"。这个仪式是新郎新娘对自己婚姻的一份祝福和承诺。

2. 共牢而食——同甘共苦

小A和小B共同吃一盘肉，象征着以后就是一家人了。

今后我们有福同享，有难同当！
从今天起，无论是富裕还是贫穷，我都愿意与你共同面对！

旁白：共牢而食代表着夫妻要同吃同住、同起同眠、同甘共苦、同富贵共患难。

小A的好友们来闹洞房，准备了一颗系在绳子上的糖果，让新郎小A和新娘小B一起吃。

新郎新娘，请你们一起品尝这颗糖果！这象征着你们今后共同分享甜蜜和快乐！
这颗糖也寓意着你们的婚姻生活，虽然有时候会面临一些挑战和难题，但只要你们携手合作，就能够克服困难，品尝到人生的甜美！

旁白：小A和小B面对绳梢的糖果，相互注视着，共同迎接这个有趣的挑战，一起品尝这颗甜蜜的糖果。

同食一份食物寓意夫妻两人能够共同面对生活中的困难和挑战，并在婚姻中分享幸福与喜悦。在古代，人们通过共牢而食的方式来表达对婚姻的承诺和期许。现代婚姻也会保留类似的习俗，寓意夫妻感情稳固。

TIPS 小贴士

1. 用平和虔诚的心态，向天地和祖先表达自己的承诺。
2. 确保仪式在吉时进行。
3. 选择有寓意的食物，夫妻共食。
4. 邀请亲友们共同见证婚礼，营造出温馨、融洽的氛围，共享欢乐。

婚礼延续之合卺礼、拜公婆礼

合卺，即“交杯酒”。卺就是瓢，在古代，把一个匏瓜剖成两个瓢，结婚时人们用它作盛酒器，新郎新娘各拿一个饮酒，象征夫妻一体。拜公婆礼，就是新娘跪拜新郎的父母，表示新娘正式成为家庭成员了。

1. 合卺礼——喝交杯酒

新郎小A和新娘小B各自端起斟满酒的卺，寓意着两个人的心灵紧密相连。

这个葫芦代表了我们心灵相通和相互扶持。无论前方有多少艰难险阻，我们都会携手面对！
往后余生请多关照！

小A和小B两人分别拿着一杯酒，通过红线连接，象征着他们的心灵相通和永不分离。

愿我们相互扶持，共同携手到老！
我爱你！

旁白：两人喝交杯酒，一饮而尽。

喝交杯酒在婚礼中富有象征意义，代表着新郎和新娘两个个体在婚姻中连成了一体，彼此将对方视为生命中最重要的伴侣。

2. 拜公婆礼之行礼敬茶

婚礼圆满后第二天，新娘小A早早起床，沐浴装扮、穿戴整齐后去拜见公婆。

儿媳拜见公婆。

小A和妻子小B一起向父母敬茶，表达敬意。

爸爸妈妈
请喝茶！

拜公婆仪式既彰显了新娘对公婆的尊敬，又表达了她要融入男方家庭、照顾好公婆的坚定决心。这个仪式为公婆和儿媳妇的友好相处建立了联系，预示着和谐幸福婚姻生活的展开。

TIPS 小贴士

1. 喝交杯酒时，新郎新娘要动作一致。
2. 可以说些甜蜜的话和承诺，表达对对方的爱意。
3. 拜公婆时，态度要恭敬，言辞要恭谨。

婚礼延续之庙见礼、回门礼

庙见礼是指婚后三个月，夫家择一日，带领新娘至宗庙祭告祖先，以表示新娘从此正式成为夫家成员。一名女子只有经过庙见之后才算真正“成妇”。回门又称“归宁”，即女子出嫁后第一次回娘家。这是新婚夫妇真正意义上第一次回娘家省亲，夫妇二人双双对对，参拜女方父母。

1. 庙见礼——祭告祖先

新郎小A带着新娘小B走进祠堂，凝视着摆放整齐的祖先牌位。

今天我带着我的新婚妻子小B来拜见你们了！

旁白：新郎小A和新娘小B向祖先们行礼，表达尊敬、感恩和追思之情。

庙见礼的变化

古时，婚后三个月才行庙见礼。后人感觉时间太长了，就改为婚后第三日进行。新婚夫妇希望通过这庄严而肃穆的仪式来得到祖先们的祝福与庇佑，使他们的婚姻幸福美满，家庭和睦，事业兴旺。这个仪式既是对祖先的纪念，也是对未来的祈愿，展现出中华民族对家族和血脉传承的重视。

2. 回门礼——新人归宁

新郎小A带着妻子小B一同前去拜见岳父岳母。小A跪拜在岳父岳母的面前，岳父岳母慈祥地搀扶起小A。

旁白：新郎小A感激地接受了岳父岳母的搀扶，并起身站立。

回门礼的变化

有的地方回门礼的形式和规格不亚于婚礼。现在的回门礼与古代虽大有不同，但其仪式价值和象征意义并未改变。无论形式如何变化，回门礼都是新婚夫妻与岳父岳母之间的一次庄重而温馨的交流。通过回门礼，新郎向新娘的父母表达了尊重，并展示了自己对家庭的责任和承诺。回门礼过后，整个婚礼便圆满结束了。

TIPS 小贴士

1. 庙见礼是对祖先表示敬意和祈愿的仪式，所以新娘的仪容仪表要得体。
2. 根据当地习俗准备庙见礼需要的香烛和供品。
3. 按照当地习俗准备回门所需的礼品。回门礼品一般不能为单数。

第三章 寿礼

扫码跟名师学礼仪

做寿要遵循年龄规定

按照传统，人必须到六十岁的年纪才有资格过寿。因为在中国的传统纪年法中，每六十年为一甲子，也就是六十年一个循环，所以六十岁被视为一个特殊的年龄，代表着长寿的开始和晚年的来临。因此，按照传统习俗，过寿都是从六十大寿开始。

1. 不到六十不做寿

爸爸五十八岁的生日快到了，小 A 想给爸爸做寿。

爸，您五十八岁大寿马上到了。给您办个寿宴吧？
不到六十不做寿。提早做寿是会折寿的！
旁白：小 A 没想到做寿还有年龄规定。

爸，我知道按照传统的说法，只有过了六十岁才能过寿，所以我们今年先不办寿宴。等到您六十大寿的时候，我们会为您办一场盛大的寿宴，来庆贺您的寿辰！
你有这份孝心，爸爸不做寿也能长命百岁！
旁白：小 A 的细心安排让爸爸感受到了他的孝心。

做寿实际上就是过生日，只是称呼不同。在一定年龄之前，我们称之为“过生日”，只有为进入特定年龄阶段的长者庆生才用“做寿”这个词，通常与整数年龄连用，如“八十大寿”“九十大寿”等。

2. 大寿做九不做十

爷爷七十岁生日马上到了，小A想给爷爷办个寿宴。

爷爷，今年您七十大寿。给您做个寿宴吧！
过九不过十。要做寿得提前一年！

旁白：小A因不懂做寿礼而错过了给爷爷办七十大寿的时机。

爷爷六十九岁生日到了，小A知道在中国文化中，做寿讲究“做九不做十”，因此决定给爷爷办一场隆重的寿宴，以表达对爷爷的敬爱和祝福。

孩子，谢谢你的心意！这真是我人生中最美好的礼物！
爷爷，今天是您的生日。祝您福如东海，寿比南山！

旁白：在欢声笑语中，大家都送上了对爷爷的祝福。

古人认为，“十”的发音，跟“死”相近，不吉利；而“九”的发音和“长长久久”的“久”一样，比较吉利。因此，就有了做寿“做九不做十”的说法。

TIPS 小贴士

1. 做寿要符合传统的年龄规定。
2. 根据“做九不做十”的原则提前一年为老人做寿。

赠送寿礼要轻重得宜

选择寿礼时，要考虑寿星的喜好和需求。寿礼不应过于简单，也不宜过于奢华，要最大程度上体现出我们对寿星的关爱和用心，展现其意义与价值。

1. 轻重得宜不攀比

家里人要给爷爷摆寿宴。小A的堂哥堂姐送的礼物一个比一个贵重，小A为了不被比下去，也给爷爷买了一份很贵的礼物。

爷爷，这是我挑选的限量版艺术品，非常稀有且具有收藏价值！
孩子们，我并不需要这样昂贵和夸张的礼物！对我来说，你们的陪伴和关心更重要！
爷爷，这是我特意从国外带回来的名酒！
爷爷，我也为您准备了一份特别的礼物，请您收下！

小A没有跟堂哥堂姐攀比，而是亲手给爷爷做了一份礼物。

谢谢孩子！爷爷很喜欢！
爷爷，这是我手工制作的一本相册，里面装满了我们共同的美好回忆。希望您喜欢！

旁白：爷爷感受到了小A的用心，看着相册里的照片，笑得特别开心。

赠送寿礼的目的是表达我们对寿星的尊敬和祝福，而不是攀比或炫耀。

2. 符合寿星的喜好

妈妈的生日到了，小 A 送了妈妈一张演唱会门票，想带她去看一场演唱会。

妈，这是我为您准备的礼物。希望您喜欢！
你这是给我买的吗？分明是给你自己买的！
旁白：小 A 意识到自己不了解妈妈的喜好，十分惭愧。

妈妈的生日到了，小 A 知道妈妈一直想要一个金手镯，于是买来送给妈妈。

妈，这是我为您准备的生日礼物。希望您会喜欢！
天啊！明天我就戴出去给你阿姨她们看看！
旁白：妈妈感受到了小 A 的用心，开心地抱住了小 A。

符合寿星的喜好是赠送寿礼的关键。平时要留意寿星的喜好和需求，才能选出最合适的礼物。送一份符合寿星心意的礼物，不仅能充分表达对寿星的祝福，还能让彼此的情谊更加深厚。

TIPS 小贴士

1. 寿礼的选择不必过于昂贵。
2. 寿礼要有寓意，要符合寿星的喜好和需求。
3. 寿礼要考虑寿星的健康状况，避免选择可能会对他们的健康造成负担的礼物。

赠送寿联要符合对方情况

寿联可分男寿、女寿、双寿等。要写好寿联，首先要知道寿星的性别、年龄、诞辰季节（月份）、社会地位及职业特点、与自己的关系等，然后再根据这些信息写出合适的寿联。

1. 寿联内容当与年龄相符

小B三十出头。小A作为他的好朋友，给他送了一副寿联。

小B，这是给你写的寿联
问大年于海屋，春华八千，秋实八千
数百筹之桑弧，过去一半，再来一半
小A呀，咱们是好朋友，我真不知道该说你什么好了。我才三十，哪里就过去一半儿了？
旁白：大家看了这副寿联都啼笑皆非。

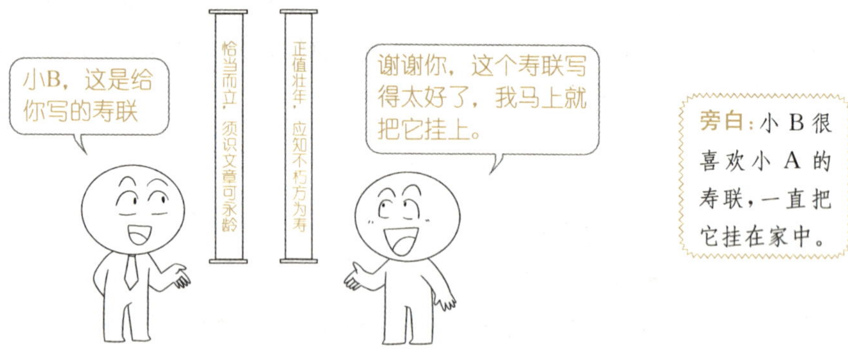
小B，这是给你写的寿联
恰当而立，须识文章可永龄
正值壮年，应知不朽方为寿
谢谢你，这个寿联写得太好了，我马上就把它挂上。
旁白：小B很喜欢小A的寿联，一直把它挂在家中。

在写寿联时要考虑对方的年龄和成长阶段，选择适宜的内容。

2. 寿联用词往往男女有别

小B，这是给你写的寿联
小A，我是个爷们儿，什么时候过芳辰了？
设悦遇芳辰，百岁期颐刚一半
称觞有莱子，九畴福寿已双全
旁白：小A非常尴尬。

小B，这是给你写的寿联
不惑但从今日始
知天犹得十年来
嗯，我今年40岁，正是不惑之年，太应景了！小A，你太有文采了！
旁白：大家都夸小A寿联写得好。

在撰写寿联时，需要根据寿星的年龄、性别特征等选择适宜的词句和表达方式，确保寿联更加符合寿星的身份，否则就会闹出笑话，显得对寿星不够尊重。

TIPS 小贴士

1. 在撰写寿联时遣词一定要准确，要切合寿星的性别、年龄、职业等。一定要与实际相吻合。
2. 颂扬过当，当事人就会觉得尴尬，甚至会认为是讥讽他。
3. 表示祝寿，用“福”“寿”“宁”等；表示增寿，用“永”“长”“添”等；表示祈愿，用“献”“颂”“喜”等。
4. 以长寿、美好的动植物设喻，表示祝福，比如寿联中可嵌入“鹤”“龟”“鹿”“凤”“椿”“萱”“桃”“梅”等。

寿宴的规模要根据年龄而定

寿是“有年岁”的意思。这个年岁指必须岁交一甲子，即六十年，所以六十岁以前不能称“有寿”。古时，一个人在五十九岁死去了就叫“无寿之人”；而即使是在满六十周岁的第一天就死去也可称为“有寿之人”。只要年满六十岁，便可隆重举行寿宴。

1. 花甲以上，才可做寿

小A的爸爸今年五十八周岁了。

爸爸，今年您都五十八岁了，我给您办个寿宴吧！
臭小子，我虚岁还没满六十呢，现在还属于无寿之人！简单过个生日就行了！
旁白：小A一片好心，却因为不懂礼数，被爸爸教育了一通。

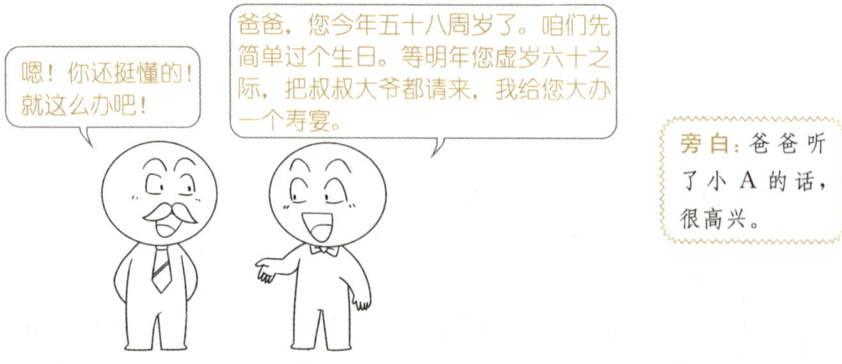
爸爸，您今年五十八周岁了。咱们先简单过个生日。等明年您虚岁六十之际，把叔叔大爷都请来，我给您大办一个寿宴。
嗯！你还挺懂的！就这么办吧！
旁白：爸爸听了小A的话，很高兴。

寿星的年龄也有不同的称谓，例如六十岁称为“花甲寿”，八十岁称为“米寿”，一百岁称为“白寿”等。在中国传统文化中，寿星和寿宴有着重要意义，是家庭生活中不可缺少的一部分。

2. 父母健在，不可做寿

小 A 的爷爷奶奶还健在，小 A 的爸爸今年是花甲之年。马上就要到他爸爸的生日了。

你小子还是不懂！你爷爷奶奶都健在，我们就不能办大寿。过个生日就行了！
爸爸，过两天就要到您的六十大寿了。咱们大办一场吧！

即使你已满六十岁、七十岁，若上面二老健在，你的孩子也不可为你做大寿，过个普通的生日即可。孩子和你只有为你的父母做寿的份儿。这符合人伦道德，也是一种礼制。如《红楼梦》中，寿宴都是给贾母办的，连贾赦、贾政都是不能做寿的。

TIPS 小贴士

1. 一般六十岁以后，五年一小寿，十年一大寿。
2. 从六十岁到九十岁，除了特例寿宴和五年过小寿、十年过大寿外，平常之岁为过生日，但也只可从六十岁过到八十岁。
3. 八十一岁以后的一般生日是不过的。从八十一岁直到九十九岁，古人叫“摸着过”，也叫“忘寿年”。古人认为，越是忘岁便越是旺岁，是祈福、祈寿之意。

喝寿酒、吃寿面要注意规矩

参加寿宴时，喝寿酒和吃寿面是庆祝寿星生日的重要传统仪式，应该注意遵循相关规矩和礼仪。要通过敬酒、吃寿面和表达祝福，表现对寿星的尊重和关怀，传达出祝福寿星健康长寿的意愿。

1. 喝寿酒必先敬寿星

小 A 的爷爷过八十大寿。小 A 爷爷的同学都赶来为他祝寿。

各位爷爷，今天是我爷爷的八十大寿。感谢你们远道而来参加我爷爷的寿宴！我在这里敬你们，祝你们身体健康，万事如意！
哈哈！年轻人不懂规矩了吧！还没给你爷爷祝寿呢，怎么能先敬我们呢？

旁白：小 A 因为不懂礼节，感到很尴尬。

爷爷，今天是您的八十大寿。我祝您福如东海，寿比南山！各位爷爷远道而来，我祝你们身体健康，万事如意！
哈哈！这年轻人真懂规矩！老A，你真幸福呀！

旁白：大家都夸小 A 懂规矩，小 A 的爷爷也很有面子。

“酒”与“久”同音，“久”与“长”同义。以酒祝寿，意祝长寿。喝寿酒时，要先敬寿星，然后宾客共饮。

2. 寿面不能切断

小 A 的爷爷今天办寿宴，小 A 给爷爷端上来一碗长寿面。

小A，长寿面不能切的！快拿下去！
爷爷，我怕您吃着麻烦，专门把面条切成小段。您放心吃吧！
旁白：小 A 因为不懂礼节，结果好心办了坏事。

哈哈！我孙子真懂事！
爷爷，我祝您像这碗长寿面一样，福寿绵长！
旁白：爷爷看着这碗长寿面，非常高兴。

寿面是中国人过生日必备的食物。按照中国传统的风俗习惯，人过生日必须吃面条，称之为“挑寿”；庆寿用的面条越长越好，寓意长寿；吃时要高高挑起，寓意高寿。

TIPS 小贴士

1. 寿酒必先敬寿星。
2. 吃寿面时要一根面吃到底，不可从中间咬断。

第四章 丧祭礼

扫码跟名师学礼仪

报丧、吊唁

人生无大事，除却生死。当亲人离世时，丧祭礼成为人们表达哀思和缅怀逝者的重要仪式。因此，丧祭礼也有许多重要的环节值得小心和注意，如报丧、吊唁等。

1. 报丧

小A踏入亲友家门，神情沉重地向亲友宣告丧事。

我带着沉重的心情前来报丧。我父亲于昨日离世，走完了他在人世间的旅程。

旁白：亲友们感受到了小A的悲痛，默默地表达着对逝者的追思和悼念。

报丧的变化

现代人大多用打电话的方式报丧，用短信、微信的形式则有失郑重。报丧是一项重要的传统仪式，即向亲友通知逝者的离世，并邀请他们参与丧事和表达哀思。不报丧是严重违背礼仪的。

2. 吊唁

小 A 虔诚地跪在灵堂前，心怀悲痛，向前来吊唁的亲友们致谢。

旁白：亲友前来行礼，为逝者送上最真挚的悼念。

吊唁礼的变化

传统社会，死者为大，吊唁亡者时，除了亡者的长辈之外，其他人都要行跪拜礼。不过现代城市里多以鞠躬代替跪拜。接到报丧，一定要前往吊唁，如果不去吊唁又不特别说明，严重时逝者家属就会与其断交。

TIPS 小贴士

1. 报丧是传统丧礼的重要环节，应该以庄重和诚挚的方式进行。
2. 吊唁是表示哀思和缅怀逝者的行为，要以肃穆和虔诚的态度进行。
3. 接到报丧的消息后，应尽力前往吊唁并参加丧礼。
4. 吊唁一定要身穿素服，避免穿红色等艳丽服饰。
5. 吊唁时表情要哀戚，不要说无关的话。

入殓、出殡

人生的旅途上有相遇也有告别，逝者离去时的告别就是不可避免、不可重复的永远的告别。入殓和出殡，作为丧祭礼的重要环节，承载着我们对逝者最后的纪念和深深的哀思。

1. 入殓

父亲已经去世三天了。这一天，小 A 跟父亲做最后的告别，为父亲加衣，并将他入殓。

旁白：整个场面充满了悲伤。

入殓，是我们将逝者安置在长眠之地前的最后仪式。具体的步骤包括清洁逝者的遗体，为逝者穿上整洁而庄重的服饰，再将遗体小心翼翼地抬入棺内，无声地表达内心的敬意和怀念。

2. 出殡

到了父亲出殡的时间，小 A 沉浸于无尽的思念和悲痛之中。

旁白：小 A 的话语中充满了哀伤和对父亲的思念之情，亲人们目送灵车渐行渐远。

出殡就是把灵柩从家里运往墓地的过程，标志着逝者启程去向永恒的彼岸。在这过程中，所有人都要以肃穆的态度默默致哀，为逝者送上最后的祝福。

TIPS 小贴士

1. 了解当地相关习俗，确保仪式正确合理地进行。
2. 寻求专业的殡葬服务机构或殡仪馆的帮助。
3. 家属协商好仪式的时间、地点、宾客邀请等细节。

祭天地、祭祖先

在中华传统文化中，祭祀被视为一种极为庄重的仪式。在祭祀仪式中，人们以一颗虔诚的心祭拜天地和祖先，以祈求祝福和保佑。祭祀之礼是中华民族十分重要的传统习俗，它不仅承载了丰富的文化内涵和精神寄托，更饱含对天地的敬畏以及对先人的追思和纪念。

1. 祭天地

古时候，在盛大的祭拜天地的仪式上，皇帝虔诚地跪在祭坛前。

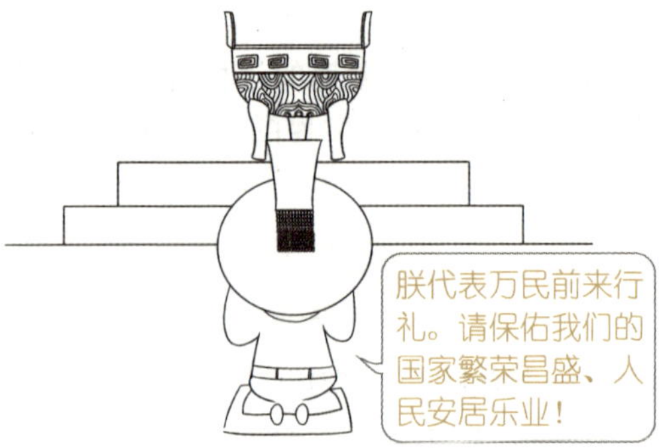
朕代表万民前来行礼。请保佑我们的国家繁荣昌盛、人民安居乐业！

旁白：古时，皇帝向天地祈愿，来表达对国家繁荣和人民幸福的真挚期许。

祭天地的变化

祭天地是中国传统祭祀礼仪之一，是古代皇帝将天地神明视为自己的祖先，以此来表达对祖先的尊敬和感恩之情的一种仪式。现在民间也有祭天地的习俗，各个地方的形式不尽相同。如今，天坛、地坛等很多古代皇帝祭拜天地的地方又重启了祭天地大礼。

2. 祭祖先

小 A 带着他的家人来到祖先的牌位前，进行祭拜。

我们恭敬地向我们的祖先献上香火，表达我们深深的敬意和感激之情。

旁白：小 A 和家人以虔诚的态度为祖先献上香火。

祭祖先的变化

现代的祭祖方式与过去相比更加简洁和灵活，不同地域之间也存在着形式上的差异。一些家庭选择在祭祖之日或者重要节日前往祖先墓地献上鲜花，表达对祖先的尊敬和怀念之情。而有的人则通过在家中设置祖先牌位进行虔诚的祭拜，以此向祖先表示思念和敬意。无论形式如何变化，祭祀的核心价值——尊重祖先、传承优秀传统和祖先懿德，是大致不变的。

TIPS 小贴士

1. 了解祭祀仪式的步骤、顺序和所需的物品并正确摆放物品。
2. 在祭祀仪式上，心态要恭敬虔诚。

扫码跟名师学礼仪

第五章 传统节日礼

除夕——吃年夜饭、齐守岁

年夜饭，又称“年晚饭”“团年饭”“团圆饭”等，特指年尾除夕（春节前一天）的阖家聚餐。守岁，又称“守岁火”“照岁等”，俗名“熬年”。守岁时要所有房间内点燃灯烛，合家欢聚，迎接新年。

1. 年夜饭

祝爷爷奶奶、姥姥姥爷春节快乐！
祝爸妈新的一年里身体健康！
谢谢爸妈辛苦准备的年夜饭！
旁白：小A全家人一起吃年夜饭，笑语满堂。

我们一家人团聚在一起是最幸福的时刻。干杯！
谢谢你们的祝福！希望你们在新的一年里学业有成，事业顺利！
旁白：小A家里充满了欢声笑语，大家相互祝福，享受吃年夜饭的美好时刻。

除夕晚上，一家人聚在一起共进晚餐象征着团圆和幸福。年夜饭要有丰盛的菜肴，包括各种寓意吉祥的美食，例如：鱼，寓意年年有余；年糕，寓意年年高升；饺子，像一盆盆元宝，象征着新年发大财；等等。

2. 齐守岁

除夕夜，小 A 一家人一起守岁。

我要睡觉！
坚持一下，今晚我们要守岁！

什么是守岁啊？
守岁就是辞旧岁，迎新年！

除夕之夜，吃过年夜饭，全家人要聚在一起守岁，等着辞旧迎新的时刻，祈盼新的一年吉祥如意。

TIPS 小贴士

1. 提前采购年夜饭需要的食材和物品。
2. 合理安排休息时间，养足精神，为守岁活动做准备。
3. 与家人一起聊天、玩游戏，共同享受欢乐。

春节——拜年、给压岁钱

拜年是中国民间的传统习俗，是人们辞旧迎新、相互表达美好祝愿的一种方式。压岁钱，又名“压祟钱”。“祟”就是不吉利的东西。古人借给压岁钱这个习俗，祈愿来年不要有任何不吉利的事情发生。

1. 拜年

小 A 带着妻子和儿女一起给父母拜年。

爸妈，新年好！祝您身体健康，万事如意！
爷爷奶奶新年好！

旁白：小 A 一家恭敬地给父母拜年，表达对他们的敬意和祝福。

拜年的由来

传说远古时代有一种叫“年”的怪物，每逢腊月三十晚上出来，挨家挨户地吃人。人们只得把肉食放在门口，然后关上大门，躲在家里。初一早上，当人们开门见面时，会互相作揖道喜，祝贺未被怪兽吃掉。

2. 给压岁钱

乖孙儿，快起来！这是你的压岁钱，快放到枕下！
爷爷奶奶，新年吉祥，祝您二老身体康健，万事如意！
旁白：古代十分重视给压岁钱这个礼仪，孩子们收到压岁钱会很高兴。

爸爸妈妈新年好！给你们拜年了，祝你们万事如意！
乖，这是爸爸妈妈给你的压岁钱！希望你在新的一年里幸福快乐！
旁白：孩子感受到了新年的喜庆和来自爸爸妈妈的关爱。

压岁钱的由来

压岁钱又叫"压祟钱"，传说中"祟"是一种妖怪，它会在大年初一晚上出来吓唬小孩子，用手摸小孩额头，导致孩子发烧乃至变傻。有一次，一对夫妻事先用红线串起八枚铜钱放在孩子枕边，"祟"刚溜进家里，孩子枕边的铜钱便突然发出亮光，把"祟"吓得逃走了。于是，大家就在拜年时给孩子几枚铜钱，让他们晚上放在枕下，这就是"压岁钱"的来历。

TIPS 小贴士

1. 在拜年时要注意穿着整洁、得体。恭敬地向长辈行拜年礼。
2. 诚挚地跟长辈说吉祥的新春祝福语，如"新年快乐，万事如意"等。
3. 收到压岁钱时，要以微笑和道谢的话语表示感谢。

元宵节——吃元宵、猜灯谜

元宵节吃元宵，是中国的一个传统习俗，意喻团团圆圆、平平安安。元宵有多种馅料，其中黑芝麻馅最为常见，十分美味。元宵节猜灯谜是中国独有的、富有民族特色的民俗活动。在这一活动中，谜语被贴在灯笼上供人们猜解，答对者会获赠礼物。

1. 吃元宵

过元宵节了，小 A 给全家煮了象征团圆的元宵。

快来吃元宵啊！吃了元宵，月圆人圆事事圆！
太棒了！最喜欢吃元宵了！

今天的汤圆不错吧？
嗯！我刚才吃到一个肉馅的，真是太好吃了！

旁白：一家人欢欢喜喜地吃汤圆。

南北差异

由于南北地域上的差异，在正月十五这一天，北方吃元宵，南方吃汤圆。北方常见的是黑芝麻馅、豆沙馅、花生馅等的甜口元宵；而南方汤圆除了甜口的，还有各种肉馅的。

2. 猜灯谜

元宵节这天，小 A 在家里贴了一些灯谜让大家猜。

大家猜灯谜喽，猜中了有奖哟！
太棒了！我今天一定要得大奖！
旁白：每个人都玩儿得兴致勃勃。

晚上，小 A 带家人到公园玩，公园的树上挂满了灯笼。

你看，今年的灯，多好看！
哎呀，还有走马灯呢！真好玩！
旁白：灯笼的光照亮了大家的笑容，欢乐的气氛洋溢在每一个角落。

猜灯谜不仅可以在家中进行，在公园等公共场所也可进行。猜灯谜活动不仅会营造出欢乐而热闹的氛围，也会让节日更加丰富多彩，充满乐趣。

TIPS 小贴士

元宵节，人们除了吃元宵、猜灯谜外，还有以下习俗：

1. 赏花灯。在元宵节期间，公园、道路两边等都会布置各种形态的花灯，包括动物、人物、建筑等。
2. 舞龙舞狮。舞龙舞狮起源于中国南方地区，是一种传统的舞蹈表演，至今已经有两千多年的历史。
3. 放烟火。在元宵节晚上，人们会放各种各样的烟火。放烟火的声响和光彩为节日增添了喜庆的气息。

立春——咬春、鞭牛

立春这天，人们通过吃春饼、萝卜来“咬春”，成为中国特有的一种风俗。一个“咬”字，既体现了心情上的欢愉，也表达了心底吃得了苦的一种韧劲儿。同时，人们还通过立春鞭牛的习俗祈求转年里五谷丰登。

1. 咬春

今天是立春。宝贝，咬一下这个萝卜！
“咬得草根断，则百事可做！”
好的，妈妈！不过我更喜欢咬春饼！
旁白：孩子咬了一口萝卜，辣得直吐舌头，大家哈哈大笑起来。

立春了，咱们来吃春饼吧！
我最喜欢吃春饼吧！
旁白：大家开心地围坐在一起吃春饼。

所谓“春饼”，又叫“荷叶饼”，其实是一种烫面薄饼——用两小块水面，中间抹油，擀成薄饼，烙熟后可揭成两张，用来卷菜吃。我国民间咬春的另一种食品是萝卜。这是因为萝卜味辣，取古人“咬得草根断，则百事可做”之意。过去再穷的人家也要买个萝卜给孩子咬春。

2. 鞭牛

立春这天，通常村里会推选一位老者，用鞭子象征性地打春牛三下，意味着当年会有好收成。

打春喽！打破春牛，今年就有好收成喽！

旁白：大家将泥制的春牛打烂，分土而回，撒在各自的农田里，为的是求当年能有好收成。

你看，前面有卖春牛图的。咱们请一幅回家，祈求今年五谷丰登吧！
好的！

旁白：图上前面牵牛的那个男子就是芒神。人们会把春牛图请回家，祈求当年能有好收成。

打春的风俗最早来自皇宫。传说立春这一天，皇宫内外都要格外隆重地庆祝一番。最早有立春之日要把皇宫门前立的泥塑春牛打碎一说。现在，城里已不再举行鞭牛活动，一些农村却仍有打春牛的风俗。立春前，用泥塑一牛，称为“春牛”。妇女抱小孩绕春牛转三圈，旧说可以不患疾病，今已成为娱乐。

TIPS 小贴士

1. 提前准备好咬春的食材。与春饼相关的主要材料包括薄饼皮、蔬菜丝和蘸料。
2. 春饼的皮子要薄，烙的时间不能太长。

清明——踏青、扫墓

清明习俗有扫墓、祭祖、踏青、春游、植树等，体现出以哀悼追思为主、迎春健身为辅的双重节日功能。同时随着时代的发展，清明习俗的内涵与形式也不断改变和发展。

1. 踏青

小B，今天是清明节。咱们带着孩子去踏青吧！
好呀！
旁白：他们坐在湖光山色的野外，欣赏着眼前的美景，吃着带来的食物，心情非常好。

哈哈！以后咱们每年的清明节都出来踏青！
爸爸妈妈，我最喜欢清明节了！因为可以出来玩，好开心呀！
旁白：他们在美景中快乐嬉戏。

清明时节生机勃发。人们迎着春天的明媚阳光，呼吸着带有青青绿草味的空气，脚踩着松软的土地，徜徉在姹紫嫣红、莺歌燕舞的原野上，心情轻快愉悦！

2. 扫墓

小A和小B到祖先的坟上祭祖。他们在祖先的墓前摆满了供品，跪下磕头。

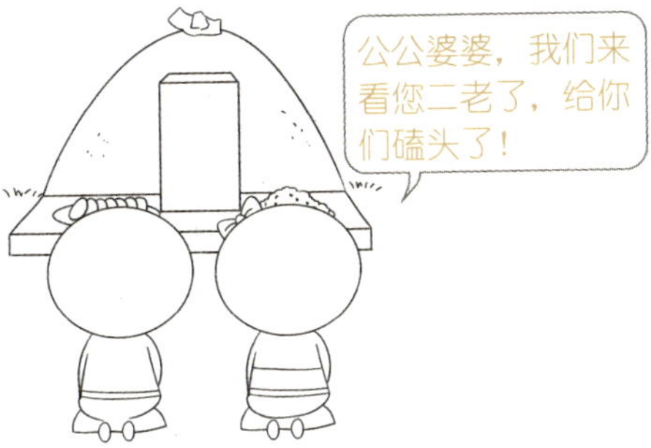
公公婆婆，我们来看您二老了，给你们磕头了！

旁白：小A和小B打扫了父母的坟墓，并叩拜致意。

公公婆婆，我们来看您二老了！我给你们好好打扫一下。

旁白：他们在父母的灵塔前鞠躬，表达哀思。

扫墓祭祖是清明节最重要的活动内容。扫墓时间并不局限于清明这一天，各地情况也有差异。扫墓时，首先要剪除坟丘上所有的杂草，修理陵墓周围，然后往坟丘上添上一些新土培护，再烧纸钱、香烛(禁火之处不可)，供奉酒肉饭菜，燃放鞭炮，最后向祖先行跪拜礼以寄托对先人的哀思。

TIPS 小贴士

1. 清明是春季的一个节气，景色宜人，适合带家人一起到户外踏青。
2. 在郊游过程中，我们要保持环境整洁，不乱扔垃圾，尊重自然，保护生态。
3. 除了扫墓祭祖，清明节还可以瞻仰和悼念历史上的伟人和英烈，为他们献上花圈，表达对他们的崇敬之情。

端午——吃粽子、赛龙舟

端午节，又称“端阳节”“龙舟节”“重午节”“重五节”“天中节”等，日期在每年农历五月初五，是集拜神祭祖、祈福辟邪、欢庆娱乐和饮宴为一体的民俗大节。传说战国时期的楚国诗人屈原在五月初五跳汨罗江自尽，后人便将这一天作为纪念屈原的节日，也有纪念伍子胥、曹娥及介子推等说法。端午节有很多习俗，如吃粽子、赛龙舟、挂艾草、喝雄黄酒等。

1. 吃粽子

我就喜欢这个红枣的粽子！配上白糖吃，太美味了！
大家来吃粽子了！

旁白：北方粽子的原料以糯米和红枣为主。

你包的肉粽子真是太好吃了！
大家来吃粽子了！

旁白：南方粽子的原料比较丰富，甜的咸的都有，很受各地人们的喜爱。

端午节吃粽子可谓是家喻户晓的习俗。粽子主要是用粽叶包糯米，里面可以加一些馅，做成不同口味，如肉粽、豆沙粽、蛋黄粽等。每个地方的粽子口味和馅料都有所不同。粽子最初是用作祭祀祖先神灵的。但是传说屈原投江那天也正是五月初五，人们不忍心江中的鱼虾吃掉屈原的身体，便向江中投入粽子来喂鱼虾。

2. 赛龙舟

我国自古以来形成了在端午节赛龙舟的传统。

小B，咱们去赛龙舟吧！
好的！咱们村的龙舟，没有人能比得过！

小A和小B在观看奥运会的表演项目实况转播。

小B，你看，中国队的龙舟划得最齐最快！
这是咱们老祖宗留下的传统，咱们肯定最棒呀！

赛龙舟是端午节重要的传统习俗，尤其是在我国南方，人们以龙舟比赛来纪念古代爱国诗人屈原。现在，赛龙舟已经变成了一项体育竞技活动，吸引了众多龙舟爱好者的参与。

TIPS 小贴士

端午节，人们除了吃粽子和赛龙舟外，还有以下习俗：

1. 拴五色丝线。五色丝线是由青、红、白、黑、黄五种颜色的丝线搓成，在端午节当天，人们常配戴在手臂上，据说有辟邪之用。
2. 挂艾草和菖蒲。艾草和菖蒲都有驱除蚊蚁、杀虫灭菌的作用。在端午节这天，人们会把艾草和菖蒲挂在门上，用以驱邪祛病。

中秋——吃月饼、赏圆月

中秋节是我国的重要节日。自古以来，人们以月之圆兆人之团圆，寄托怀乡思亲之情，祈盼丰收、幸福之果，流传至今，中秋节成了丰富多彩、弥足珍贵的文化遗产。那么，中秋习俗都有哪些呢?

1. 吃月饼

小A和小B带着孩子到父母家过中秋节。

饭都准备好了，赶紧过来吃吧！
太好了！快进来！快进来！
爸爸妈妈，我们带着孩子回家过节了！
旁白：大家坐在一起开心地吃团圆饭。

吃完饭，大家坐在一起分月饼。

来，每人一块，大家分着吃！
对！大家分着吃！我们才是圆满幸福的一家人！
旁白：大家分月饼吃，其乐融融。

每到中秋节的时候，月饼都是家家户户必不可少的美食。它象征着团圆，寓意着圆满，寄托着对家人的思念之情。

2. 赏圆月

吃完饭，大家坐在院子里赏月。
是呀！月圆人也团圆，多好呀！
爸爸，您看今天的月亮，真是又圆又亮呢！

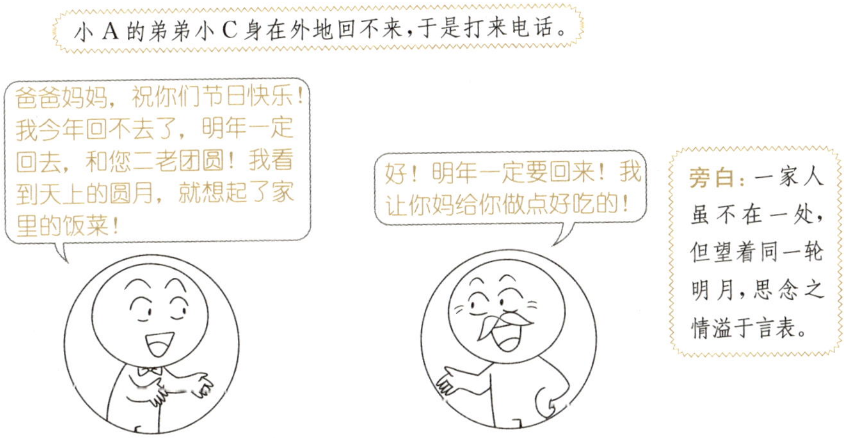
小A的弟弟小C身在外地回不来，于是打来电话。
爸爸妈妈，祝你们节日快乐！我今年回不去了，明年一定回去，和您二老团圆！我看到天上的圆月，就想起了家里的饭菜！
好！明年一定要回来！我让你妈给你做点好吃的！
旁白：一家人虽不在一处，但望着同一轮明月，思念之情溢于言表。

中秋节这一天月亮很美，于是古代文人发起赏月活动。这些文人赏月的诗句及作品的广泛传播促使赏月这种活动逐渐演变为一种习俗。在这一天，一家人坐在一起赏月，其乐融融。

TIPS 小贴士

1. 中秋节是全家团圆的日子，要尽量放下手中的工作陪在家人身边。
2. 中秋节的晚上，准备好月饼，和家人一起赏月，品尝月饼。

重阳——登高、祭祖

古时民间在重阳节有登高祈福、拜神祭祖及饮宴祈寿等习俗，传承至今又增加了敬老等含义。登高赏秋与感恩敬老成了当今重阳节活动的两大主题。

1. 登高望远

重阳节，小A和小B准备去登山。

小B，今天是重阳节了，我们去登山吧！
野外风景好呀！每年的重阳节，登高远望，真是美不胜收呀！

他们终于爬到了山顶。

小B，你看！城市就在我们脚下，真美呀！
对呀！你看那边的红叶，多美呀！咱们去捡几片当书签吧。

旁白：他们在重阳这天登高望远，饱览大自然赋予的美景。

重阳节登高的风俗历史悠久，故重阳节又叫“登高节”。登高的目的地没有统一的规定，一般是登高山、登高塔。

2. 祭祖敬老

重阳节到了，小 A 和小 B 到敬老院做义工。

大爷，这是给您带的毛毯！天冷了，您要注意保暖呀！
孩子，你真贴心！

大妈，我给您捶捶背，让您松快松快！
这小伙子，手还挺有劲！捶得真舒服呀！
旁白：敬老院的老人都非常喜欢他们。

祭祖敬老是重阳节的另一习俗。《采桑子·重阳》写道："岁岁重阳，今又重阳，战地黄花分外香。"在重阳节，人们缅怀先烈，祭奠先祖，看望老人，共度这个含义丰富的节日。

TIPS 小贴士

1. 饮菊花酒。古时的菊花酒是头年重阳节时专为第二年重阳节酿的。九月九日这天，采下初开的菊花和一点青翠的枝叶，掺在准备酿酒的粮食中，然后一并用来酿酒，至第二年九月九日饮用。
2. 佩戴茱萸。重阳节有佩戴茱萸的风俗，因此又被称为"茱萸节"。茱萸是重阳节特有的辟邪物品，雅号"辟邪翁"。
3. 菊花又名"延寿客"，重阳节时人们还喜欢佩戴菊花。

小年——吃糖瓜、扫尘土

小年是中国的传统节日，通常被视为忙年的开始，意味着人们开始准备年货、扫尘、祭灶等，表达了人们辞旧迎新、迎祥纳福的美好愿望。

1. 吃糖瓜

妈妈，我想吃糖瓜！
好！等妈妈给灶王爷的嘴上抹上糖瓜，你就可以吃了！
旁白：孩子迫不及待地捧着糖瓜吃起来。

这是糖瓜。以前人们用这个粘住灶王爷的嘴，他就没法说不好的话了。
妈妈，这是什么糖？这么粘牙！
旁白：孩子一边吃糖瓜，一边仔细地听妈妈讲故事。

二十三，糖瓜粘。糖瓜是小年传统的美食，又叫“灶糖”“关东糖”“麻糖”，既是小孩子们的最爱，也是灶王爷的供品。据说，过小年时，灶王要上天汇报这一家的生活与工作情况。为了让灶王爷上天言好事，家家都准备糖瓜来祭拜。人们期盼来年事事如意，好事连连。

2. 扫尘土

小A，今天是小年，
是大扫除的日子。
咱们行动起来吧！
好的！我来帮你！

好孩子，你来扫地吧！
爸爸，妈妈，
我也来帮忙！

旁白：小A一家看着劳动成果，高兴极了。

到了腊月二十三，年味越来越浓。这一天，家家户户忙着整理卫生，除尘纳新，迎接新的一年。因为“尘”与“陈”是谐音，除尘也就是将陈旧的、不好的东西一扫而光，希望新的一年事事如意、生活美好。

TIPS 小贴士

1 剪花纸、贴春联。小年这天有许多民俗活动，不同的地方风俗不同。有的地方盛行剪花纸、贴花纸，有的地方是贴春联，非常热闹。

2 备年货。小年这天，家家户户都要准备一些传统的中国美食作为年货，用于过年祭祖和招呼客人使用，有鸡鱼肉蛋、瓜子、花生和糖果等，花样繁多。

小结 三分钟，让你了解传统礼仪

1. 根据文化传统和个人意愿，选择合适的仪式。
2. 在提亲过程中，表达诚意和尊重非常重要。
3. 邀请亲友共同见证婚礼，营造出温馨、融洽的氛围，共享欢乐。
4. 根据“做九不做十”的原则提前一年做寿。
5. 吃寿面时要一根面吃到底，不可从中间咬断。
6. 吊唁一定要身穿素服，避免穿红色等艳丽服饰。
7. 收到压岁钱时，要以微笑和道谢的话语表示感谢。
8. 在郊游过程中，我们要保持环境整洁，不乱扔垃圾，尊重自然，保护生态。

扫码跟名师学礼仪